I0000141

Couverture inférieure manquante

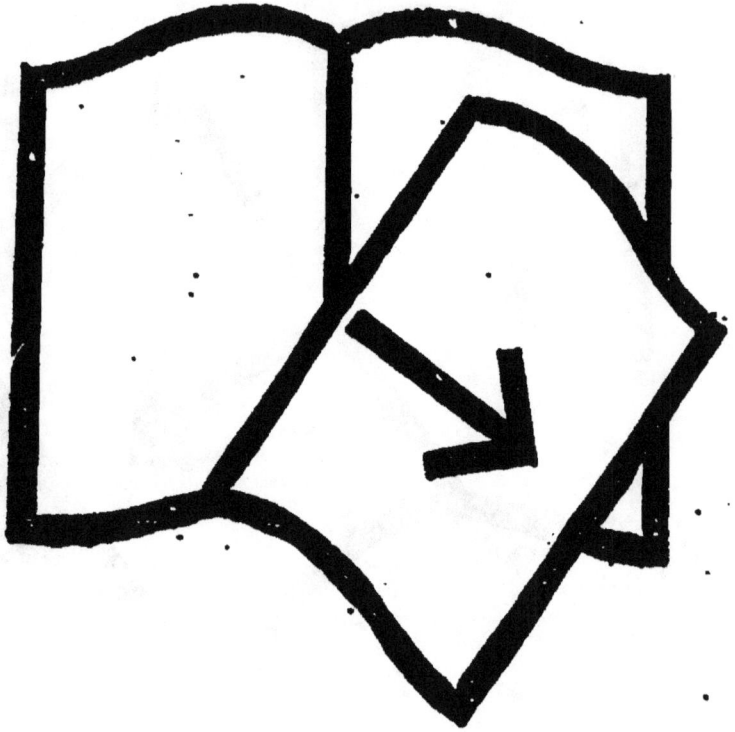

Couverture inférieure manquante

JEAN RÉGNÉ

ARCHIVISTE DE L'ARDÈCHE

SITUATION

ÉCONOMIQUE & HOSPITALIÈRE

DU VIVARAIS

A LA VEILLE DE LA RÉVOLUTION

(1786-1788)

(Extrait de la Revue du Vivarais)

AUBENAS

IMPRIMERIE HABAUZIT

1914

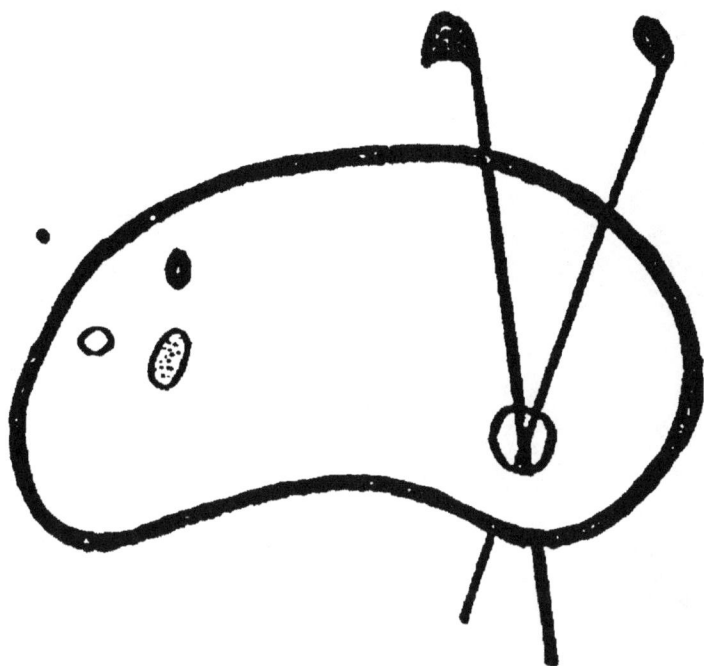

FIN D'UNE SERIE DE DOCUMENTS
EN COULEUR

SITUATION ÉCONOMIQUE & HOSPITALIÈRE

DU VIVARAIS

8' L k²

5788

JEAN RÉGNÉ
ARCHIVISTE DE L'ARDÈCHE

SITUATION

ÉCONOMIQUE & HOSPITALIÈRE

DU VIVARAIS

A LA VEILLE DE LA RÉVOLUTION

(1786-1788)

(Extrait de la *Revue du Vivarais*)

AUBENAS

IMPRIMERIE HABAUZIT

—

1914

SITUATION
ECONOMIQUE & HOSPITALIÈRE
DU BAS-VIVARAIS
A LA VEILLE DE LA RÉVOLUTION

MÉMOIRE DU SUBDÉLÉGUÉ D'AUBENAS (1)
(10 décembre 1786)

Monseigneur l'Intendant, toujours occupé de procurer à la province tous les avantages qui pourront dépendre de luy veut la connoître dans le plus grand détail, et pour nous conformer à ses vues bienfaisantes et satisfaire à ses ordres, nous nous proposons dans ce mémoire de luy donner les lumières les plus exactes et les plus précises du Bas-Vivarais. Pour y parvenir, nous diviserons chaque partie en chapitre différent comme s'en suit.

CHAPITRE 1ᵉʳ

La position du pays, grands chemins et rivières qui le traverse (sic).

CHAPITRE 2ᵐᵉ

Sa population générale.

CHAPITRE 3ᵐᵉ

Les forests, garrigues et landes.

CHAPITRE 4ᵐᵉ

Son commerce en général; nous parlerons de celuy qui est particulier à certaines villes à l'article qui les concerne.

---

(1) Archives de l'Hérault, C. 47. L'intendant du Languedoc, baron de Ballainvilliers, a utilisé le rapport du subdélégué d'Aubenas pour la rédaction de ses *Mémoires sur la province*, dont deux volumes manuscrits se trouvent conservés à la Bibliothèque de Montpellier, sous le n° 48. Voir notamment ce que dit Ballainvilliers de l'hôpital d'Aubenas, du couvent des Récollets de Privas, qui ne compte qu'un religieux, et des deux vieux récollets de Largentière « qui vivent de leurs quêtes ».

CHAPITRE 5me

Les noms des villes, leurs situations, leurs populations et commerces particuliers, les hôpitaux, leurs revenus, et leurs administrations. ainsi que les moyens de les ameilleurer s'il y en a.

CHAPITRE 6me

Les bestiaux avec l'espèce particulière à chaque canton.

CHAPITRE 7me

Différence de la culture, et des productions de la plaine à celles de la montagne.

CHAPITRE 8me

Defrichemens qui peuvent être utiles dans certains cantons, et trés nuisibles dans certains autres.

CHAPITRE 9me

Quantité de bras qu'exigent les travaux des terres, et ceux des grands chemins.

CHAPITRE 10me

Prix de la main d'œuvre dans les differents temps de l'année, dans chaque endroit et en général.

CHAPITRE 11me

Quelles sont les manufactures du Diocèse?

CHAPITRE 12me

Différence des manufactures, comment se sont-elles soutenues dans le temps de crise. nombre de teinturiers, moyens ou difficultés de rétablir le commerce.

CHAPITRE 13me

Quantité d'ouvriers ou de bras qu'emploie le commerce.

CHAPITRE 14me

Le commerce de cotton trop raproché de celluy des draps peut-il lui nuire?

CHAPITRE 15me

Qu'elles sont les autres branches de commerce?

Chapitre 16me

Résultat de l'idée que nous avons donnée de la population.

Chapitre 17me

Quelle est la quantité des grains qu'il faut pour la nourriture des habitants ?

Chapitre 18me

Quantité de bois qu'il faut pour la consommation.

Chapitre 19me

Quelles sont les fabriques ou manufactures auxquelles le charbon de terre ou de pierre pourroit convenir ?

Chapitre 20me

Y à t-il quelque mine de charbon dans le Bas-Vivarais, l'exploitation en est-elle aisée ?

Chapitre 21 et dernier

Donner enfin des eclaircissemens sur les autres objets qui pourroient etre dans ce Département.

CHAPITRE 1er

La position du pays, rivières et grands chemins qui le traverse[nt].

Le Bas Vivarais est situé sous le vingt deuxième degré de longitude, et sous le quarante cinquième degré de latitude septentrionale ; il est formé par une enceinte de montagnes partant du Mezin, la plus haute, dit-on, de celles de France. Et se divisant en deux branches l'une vers le couchant, l'autre vers la rive du Rhône. L'enclave de cette enceinte contient divers cantons : les Boutières, où la profondeur des valées, la hauteur et la rapidité des montagnes forment l'aspect le plus sauvage de la nature, le Coyron qui est un plateau immense. très élevé et néammoins assez fertile, enfin le bassin de la rivière d'Ardèche dans lequel se jettent les rivières de Volane. d'Aulière. de Lignon, de Baune, [Baume] et de Chassezac, qui forment autant des gorges et des contrées très etendues qui sont assez fertiles par les travaux et industrie des habitants.

Cette contrée a à peu près vingt lieues d'étendue du nord au midy, et seize lieues du levant au couchant.

Ce pays est coupé d'une multitude de grands chemins entretenus par l'administration économique dudit pays. Mais comme on a cherché à les multiplier plutot qu'à les perfectionner, ils sont pour la plupart très difficiles et dangereux. Cette façon de penser et de diriger ne peut procéder que du vice de l'administration du pays. Les routes principales sont de Saint-Just sur le bord d'Ardèche au Bourg-Saint-Andéol, Viviers, Villeneuve-de-Berg, Aubenas, et le Puy par celle que les Etats Généraux font construire pour communiquer avec l'Auvergne, de Joyeuse au Pouzin sur le Rhône par Aubenas, Privas et Chomérac. Encore y trouve t'on bien de mauvais pays et des difficultés à surmonter.

Les principales rivières sont l'Ardèche dans laquelle comm'on on la dit tombent : la Volane, Aulières, Lignon, Baune [Baume] et Chassezac ; celle d'Escoutay, qui descend de Villeneuve de Berg ou de Saint-Jean à Viviers ; celle d'Ouvèze, et de Peyres [Payre] qui forment les gorges de Privas et de Chomérac, celles d'Auzonne [Auzon], d'Hyonne, et quelqu'autres petites rivières des Boutières ont leur confluent dans le Rieu [Eyrieux] la plus considérable de ce canton et qui sépare le Bas-Vivarais du haut. Toutes ces eaux tombent dans le Rhône ; elles aprofondissent leurs lits à mesure que le fleuve aprofondit le sien ; parcequ'il est très voisin des gorges d'où elles sortent. Et la rapidité de la pente s'accroissant, l'impétuosité de ces torrents doit accroitre les dégats qu'ils font sur les bords.

La rivière de la Loire a aussi sa source dans la paroisse de Saint-Eulalie faisant partie du bas Vivarais, mais elle n'y parcourt qu'un très petit espace, et ensuite prend son cours dans le Velay.

CHAPITRE 2ᵐᵉ

La population généralle du Bas Vivarais doit se porter à cent soixante mille habitans selon la commune renommée. Les renseignements les plus exacts que nous avons pris et ces notions s'accordent même à peu près à la façon de calculer de M. Necker.

CHAPITRE 3me

Les forests, garrigues et landes.

Il est à présumer que ce pays n'étoit très anciennement qu'une vaste forest peu habitée, mais aujourd'huy à proprément parler, il ne contient aucune forêt ; ce sont plutôt des vastes garrigues, des landes ou des terres vagues qui pourroient néanmoins être susceptibles d'utilité si on y donnoit quelques soins. Nous en parlerons plus bas dans le même chapitre.

Ces vastes emplacemens contiennent par intervalles quelques bouquets, dans certains endroits ; ce sont des bois de chêne blanc et dans d'autres des chênes verds qui forment dans cette partie la ressource du pays, qui éprouve de plus en plus la dévastation résultante de l'exploitation irrégulière, a mésure que les besoins se multiplient.

Il est impossible d'assigner l'étendue de ces emplacements. Le seul moyen seroit de se procurer un exemplaire du procés verbal dressé par M. Froidoux avant l'ordonnance des eaux et forests. On va cependant en donner la connoissance la plus exacte qu'on a pu avoir par les soins qu'on s'est donné.

Sur les frontiéres du sud ouest depuis la communauté de Courry jusques a la cime des hauteurs qui dominent Saint-Laurent-des-Bains, et en descendant de ces montagnes vers Largentiére, Joyeuse, on ne trouve que quelques chênes blancs eparts *(sic)* dans des rochers

Le long de la riviére d'Ardeche qui borne le reste du pays au midy ensuite en remontant la rive du Rhône jusques au Pouzin, on trouve des emplacemens d'anciennes et vastes forests où il reste encore une certaine quantité de chênes blancs, ou *rouges* de haute futaie qui sont trés vieux ; il y a aussi des chênes verds en taillis.

On trouve encore un emplacement de ce même bois fort dépeuplé, dans la communauté de Bessas, entre Grapierres (Grospierre), Vagnas. et Sampzon et un autre de la même nature et dans le même état dans la communauté de Vallon et celuy de La Bastide de Virac qui s'apelle le bois d'Arouze et un autre à

Saint-Reméze apellé Malbost tenant le long d'Ardèche jusqu'à Saint-Martin-Lapierre.

Il y avoit dans la communauté de Bourg-Saint-Andéol un espace immense apellé le Bois Loou formé de bois taillis, de chênes verds dans la plus belle position, mais il est presque anéanty par la mauvaise exploitation et mauvaise tenüe ; de la, remontant vers le nord, tantôt au levant, sur la rive du Rhône, tantôt à gauche vers le couchant on trouve des emplacemens considérables d'anciennes forests ou il y a encore quelque peu du bois de chêne blanc ou rouge dans les comm^tés de Gras, de la Gorce et de Saint-Maurice d'Ibye ; on en aperçoit encore de la même qualité dans les parroisses de Larnas, St-Montan, Viviers et Saint-Thomé, les noms de leurs emplacemens étant vagues, plus encore quelque peu dans les communautés de Trignhan. Leyris, Rochecolombe ou Sauveplantade. Saint-Andéol-de-Berc, Mirabel, Lussas, Saint-Laurent, Darbres. Saint-Pons, d'Aubignas, et Aps, quelque petite partie de bois encore près de Jauviac entre le Teil et Rochemaure, le bois de Bressas [Bressac] près de Baïx-sur-Baïx, le tout à la rive du Rhône ; et en rentrant dans le pays par la gorge du Pouzin à Privas on trouve quelques chênes blancs. Sur les hauteurs de Saint-Cierge, de Saint-Jullien-en-Saint-Alban, quelques bouquets encore dans les parroisses de Pourchéres, le Gua et Issamoulenc faisant partie des Boutiéres. Nous allons maintenant parler des bois qui ne croissent que dans les parties les plus froides de la Montagne, comme pin, hêtre et sapin, dont il y a quelque petite quantité sur les differentes hauteurs des montagnes le long de la rivière de Rieu, mais en partant de la hauteur de Mézilhac jusques à la chartreuse de Bonnefoy et au mont de Mézin, du levant au nord-ouest, on trouve d'abord le bois de Cuze qui pourroit fournir beaucoup de bois de chauffage et quelque peu de bois de construction si l'on obligeoit les communautés à réparer et entretenir les chemins ou sentiers qui y aboutissent par leurs territoires : on trouve aussi les forests apartenants a ladite chartreuse de Bonnefoy, qui sont de même nature et tenues avec un peu plus de soin, celle de Mézilhac au sud-ouest jusques au Celier de Luc et jusques à Saint-Étienne de Lugdarez, Loubaresse et Valgorge. L'on trouve

ensuite l'immense forest, appelée de Bauzon mais dévastée depuis
très longtemps a un point étonnant. Les communautés de la
Chapelle-Graillouse, de Coucouron, Montlor et Pradelles
possèdent aussi quelque peu du même bois.

Les anciennes forests de la montagne sont si dépeuplées et
détruites que dans une partie, c'est a dire depuis les paroisses
des Etables jusques a Fay, ce qui fait un espace d'environ trois
lieues, les habitants qui ne sont pas en grand nombre n'ont
d'autre ressource que d'enlever le gazon des paturages qu'on fait
sécher et dont on se sert pendant l'hiver pour substituer au bois,
ce qui porte un préjudice considérable aux paturages.

Il est aisé de voir par la connoissance qu'on a du pays quel peu
de bois dont le Bas-Vivarais puisse faire usage pour les construc-
tions ou pour la consommation journalière des habitans, pour
celle des manufactures et fabriques, surtout les filatures de soye,
se trouve situé sur les extremités de ce departement et que le
centre en est dépourvu ; cependant c'est au centre que l'on trouve
les principales villes et gros lieux du pays. Là sont aussi les
manufatures et les filatures qui commencent à en eprouver la
disette, tandis que le bois quoiqu'il ne soit pas abondant,
pourrit par plante dans quelques uns des lieux dont on vient de
parler parce qu'il y a peu d'habitants.

Cependant les paysans dans le même centre ne se plaignent
pas d'en manquer parce qu'il leur en faut peu et comme cette
position se trouve en grande partie plantée en vignes, meuriers,
chataigners, oliviers, ils trouvent de quoi satisfaire a leurs
besoins par les sarments et émondages ou la mortalité des arbres
ou par les peupliers et soles (sic), qu'ils entretiennent le long
des rivières et ruisseaux.

Les habitans des villes, dont le plus grand nombre a des
propriétés, jouit du même avantage : mais cette ressource ne
sauroit leur etre suffisante parce qu'ils en font une consommation
beaucoup plus considérable et certains habitans n'ayant pas de
propriétés sont privés de ce petit secours.

Les manufactures et les filatures en font une depense considérable, et comme dans la plupart de ces villes ou lieux le bois leur
est porté de fort loin, il se vend verd jusques à onze sols le

quintal ; il est néanmoins reconnu qu'il y a à une lieue et demie
de la ville d'Aubenas scituée dans un lieu central du pays,
couvert des mines de charbon qu'on assure être très abondantes
et d'une bonne qualité ; depuis cinquante ans elles sont très mal
exploitées par des paysans ; mais S. M. en ayant fait la conces-
sion à M. le comte d'Antraïgues, seigneur des paroisses de
Prades, Nicigles, Saint-Cirgues de Jaujac, et Jaujac où elles son
situées, il a fait venir un mineur très expert et a confié cette
gestion à quelques personnes qui en font l'exploitation dans
toutes les règles de l'art depuis environ une année ; le secour est
deja d'un très grand avantage ; le plus grand nombre d'habitants
en font usage ; plusieurs artisans comme chapelliers, serruriers,
et autres, plusieurs filateurs de cocons, même Madame
Deydier (1) qui est celle qui a la filature la plus considerable s'en
sont déjà servis avec succès et avantage ; on ne doute pas que
tous les autres ne suivent leurs exemples.

Neanmoins on ne peut pas se dissimuler qu'il ne fût très
utile de veiller à la conservation des bois actuellement existant,
même de s'en procurer des nouveaux ; on va proposer pour cela
quelques moyens.

1° L'expulsion des chévres ; mais il est très certain qu'elle
rencontrera les plus puissants obstacles dans l'intérêt du peuple,
car la chévre donne plus de fumier, plus de lait et de meilleure
qualité ; elle broutte des paturâges inutiles aux autres bestiaux,
elle suplée les nourrices dans quelque circonstance, donne la
nourriture à plusieurs familles par les fromages qui en sont
extraits ; elle est d'une telle ressource quil est impossible d'en
priver entierement les campagnes ; d'ailleur l'execution de cette
defense exigeroit des soins, des dépenses et un nombre d'hommes
extraordinaire. C'est contre ces écueils qu'ont échoué les lois et
les reglemens nombreux qu'on a fait en Languedoc pour
l'expulsion des chévres depuis 1712 jusques en 1774.

2° Les plantations et l'ensemensement seroint un moyen bien
assuré ; mais il est à craindre que les peuples ne s'y prettent

_____

(1) Jeanne Marion de la Tour, fille de Jean-Louis Marion, seigneur de la
Tour-Laval, et de Marie De..., du Cuzieux, de Lyon. Son mari, Henri Deydier,
né en 1716 à Chomérac, était mort au Pont-d'Aubenas en 177

pas ; cette dernière classe ayant besoin de ressources journalières; des productions si éloignées ne sauroient les satisfaire ; d'ailleur il faudroit clore les terrains nouvellemens plantés et ensémensés ou les entourer des hayes, ce qui coûteroit encore beaucoup, et à moins que le gouvernemens ne fournit des secours considérables, ce moyen paroit peu pratiquable.

3° Le troisieme moyen paroitroit le plus efficace quoiqu'il ne fut pas sans difficultés ; ce seroit de diviser les bois communs entre les habitans des communautés qui sont les plus nombreuses ; en les mettant ainsi sous la propriété privée, ils seroient attirés par l'intérêt personnel et ce puissant ressort s'accroissant à mésure que les bois dépériroient ailleurs, les habitants seroient éguillonnés (sic) par l'augmentation du prix ; on pourroit même ne permettre les partages et divisions qu'a condition que les habitans s'engageroient aux plantations et ensemencemens : on croit que ce seroit un garant infaillible contre la disette absolue, car presque tous les bois qu'on a désignés depuis les bords d'Ardèche jusques à Baïx, le long de la rive du Rhône, appartiennent à des communautés. Si chaque habitant et particulier en etoit proprietaire, ils seroient bien mieux soignés, car chaque individu est plus soigneux et plus attentif à ses intérêts particuliers qu'aux publics.

CHAPITRE QUATRIÈME

Le commerce en général ; nous parlerons en particulier de ceux des villes à l'article les concernant.

Le commerce en général du Bas-Vivarais n'a trait qu'à l'industrie et consiste :

1° En la filature des cocons qui se récoltent dans le pays, l'ouvraison ou moulinage de soyes qui en proviennent, et de celles qui sont fournies par les fabriques.

2° En la fabrication des burattes, cadis et ratines communes qu'on fait avec les laines du pays et des laines du levant, qu'on fait venir de Marseilles, en ajoutant quelques mauvaises soyes aux burattes : les soyes filées et ouvrées dans le Bas-Vivarais sont presque toutes en organcin et celles des environs d'Aubenas sont les plus réputées du royaume pour leur finesse et leur

perfection et particulièrement celles qui se font dans la manufacture royale de Madame Deydier au Pont-d'Aubenas, dont les
tours et les moulins ont été inventés par le célèbre M. de
Vocançon : le commerce est très languissant depuis plusieurs
années, soit par l'inaction des fabriques qui consomment les
soyes, soit par la concurrence des soyes étrangères qu'on
introduit en trop grande quantité dans le royaume : on peut
même assurer qu'il souffrira une diminution prochaine si cette
matière précieuse continue à rester dans l'avilissement de prix
où elle est tombée. Le moyen de prévenir cet événement, qui
ruinéroit le Vivarais, seroit de procurer aux soyes nationales
une faveur particulière sur les soyes étrangères, mettant à
l'introduction de celles-cy des conditions qui en rendissent
l'emploi moins avantageux.

La fabrication des burattes, cadis et ratines communes est une
des branches la plus considérable de l'industrie de ce canton :
elle est en ce moment en pleine activité : ces étoffes servent à
l'habillement des gens du peuple du pays et il s'en fait une
grande exportation pour Lyon, Genève et la Suisse.

On se plaint qu'en général les cadis manquent de qualité :
ce reproche peut être fondé, mais il est à croire qu'on les fairoit
meilleurs si les acheteurs vouloient y mettre le prix.

Il y a encore deux fabriques de papier commun et ordinaire
qui ont un débit considérable : l'une est située en la paroisse de
Vals, à une lieue d'Aubenas, et l'autre en celle d'Antraïgues, à
deux lieues de la même ville : dans la même paroisse de Vals
naissent les eaux minéralles de ce nom qui sont fort renommées.

CHAPITRE 5ᵐᵉ (1)

*Les différentes villes, situation, population particu'ière et en
particulier, les hôpitaux, leurs revenus, leur emploi et leur administration, leur bon ou mauvais état, et les moyens de les
ameillorer, s'il y a de la possibilité.*

Les noms des villes qui sont toutes petites sont Viviers, le

(1) Les clichés des gravures qui illustrent ce chapitre appartiennent au
Syndicat d'Initiative du Vivarais. M. Audigier, président du syndicat, a bien
voulu nous autoriser à les reproduire.

Bourg-Saint-Andéol. Aubenas. Privas. Largentière. Joyeuse. Villeneuve-de-Berg. Pradelles. Lavoulte. Rochemaure et le Cheylard. Nous allons parler de chacune en particulier.

VIVIERS, *ville diocésaine*

Cette petite ville est située sur le bord du Rhône, sa population est à peu près de quatorze cent cinquante-six âmes : c'est la résidence de Mgr l'évêque de Viviers ; il y a un chapitre cathédral, composé de dix-neuf chanoines, quelques dignitaires, deux parroisses, un séminaire de St Sulpice, qui a de la réputation. une maison de religieuses de St Dominique, qui n'est ny nombreuse ny riche, mais qui a de quoi vivre. un receveur des tailles du Bas-Vivarais. un autre receveur des impositions du clergé. Le sieur Auresche negotiant y fait fabriquer des etoffes propres à l'habillement des soldats : il n'y a pas d'ailleur d'autre commerce à l'exception de quelque detail pour les gens de la ville ; il y a d'ailleurs les artisans qu'il faut pour leur service : il s'y fait encore quelques filatures des cocons du canton.

Hôpital de Viviers

Un hôpital auquel sont réunies par lettres patentes du mois de septembre 1717 trois sortes d'aumônes. dont deux dépendoient du chapitre cathédral et l'autre de la communauté : ces trois aumones forment un revenu annuël de deux mille trois cent livres. desquelles il faut distraire les gages de deux servantes au service dudit hôpital. qui se portent à cent vingt deux livres. Cet hôpital est dirigé par des membres ecclesiastiques et laïques : les noms des ecclesiastiques sont : MM. Flaugergues. viguier dudit chapitre, Bernard de St Arcons, chanoine. Olivier. chanoine. de Besses, chanoine et curé. Champanhet. bénéficier. Les laïques sont MM. de Tourville, premier consul maire. Flaugergues. conseiller en la souveraine cour des aides. O'Farrel. un des ingénieurs de la province. Fournéry. et Penchenier. bourgeois. Ce bureau ainsi composé s'assemble au moins tous les mois et quelque fois tous les huit jours ; les comptes sont vérifiés de temps à autre et toujours clôturés toutes les années ; ledit

Mʳ Bernard de St Arcons en a été nommé sindic, ledit M. Flaugergues trésorier, et ledit M. Penchenier secrétaire. Les bâtimens
appartenant à l'hopital sont vastes et commodes, y ayant une
porte au mur de la ville pour entrer dans un jardin lui appartenant assez vaste, qui est arrosé par les égouts de la fontaine de
ladite ville ; il y à vingt un lits dont douze avec une garniture de
laine assez bonne ; les autres n'en ont point ; dix sept ont un
matelas, les quatre autres une simple paillasse ; dans certains
temps ils ne sont pas suffisants ; dans ce moment une partie des
dits lits est occupée par des vieillards et des infirmes habituels.
On distribue dans certaines circonstances et temps de calamité
du pain dans la ville, et on a soin de certaines familles malades
qui sont bien aises de rester dans leurs maisons. La recette et la
dépense, une année comportant l'autre, sont les mêmes ; mais
lorsque dans des temps trop malheureux la dépense excède de
beaucoup, on y supplée par des quettes et on distribue des
légumes et du pain ; le trésorier ne donne jamais rien que sur un
mandat du sindic ; d'ailleurs on ne voit pas des moyens
d'ameillurer ledit hopital que par les dons qui pourroient lui
être faits.

LE BOURG-SAINT-ANDÉOL.

Cette ville est située sur le bord du Rhône. presque au confin
de notre département du côté du midy : sa population est d'environ cinq mille quatre cent ames : les habitans sont très
industrieux et laborieux dans certaines circonstances ; il s'y fait .
un commerce considérable en grains qui décendent de la Bourgogne ou de Franche-Comté ; il s'y fabrique d'ailleurs beaucoup
des etoffes en burates, et autres de cette nature ; il y a un certain
nombre de tanneurs ; d'ailleurs il y a toute sorte des arts et
métiers pour le service desdits habitants, quelques filatures des
cocons du pays et trois teinturiers.

Hopital du Bourg-St-Andéol

Il y a un hopital dans ladite ville. la fondation n'en étant pas
connue, mais existant de toute ancienneté, dont le revenu se
porte à près de six mille livres ; les administrateurs sont
MM. les deux curés, cette ville ayant deux parroisses, savoir

St Michel, St Andéol et St Policarpe unies ; un grand vicaire,
lorsqu'il y en a dans ladite ville qui y préside en l'absence de
M. l'évêque, de six autres administrateurs amovibles restant
trois années en charge, qui sont toujours pris dans la classe la
plus apparente, ce qui a très bien réussy jusques icy, et actuellement ce sont MM. de Lespinasse, chevalier de St Louis, du
Charnève fils, Madier de Montjau, avocat, Peyrolon, avocat,
Fabry ; et Thadée Madier, négotiants. La maison est assez vaste
et bien située ; il y a trente lits ; les étrangers y sont rarement
admis, les gens de la ville les occupant ordinairement tous.
Les malades sont servis par trois sœurs avec une servante ; on
leur donne deux cent dix livres par année pour leur nourriture et
entretien. Les revenus, une année dans l'autre, se consument
ordinairement. MM. les administrateurs exposent qu'il y a dans
ladite ville un couvent (1) de récollets très vaste et bien placé, ou
il n'y a actuellement que trois religieux exclopés, très vieux,
qu'étant persuadés que cette maison sera éteinte et supprimée,
il seroit très avantageux audit hopital de la réunir a iceluy, et
de laisser à la communauté les batimens actuels dudit hôpital
pour servir de cazernes aux troupes que la ville sollicite depuis
longtemps comme leur étant d'une absolue nécessité pour
maintenir le bon ordre et la police. D'ailleurs, il y a dans cette
ville deux maisons de religieuses assez bien rentées, l'une de
Ste Marie, et l'autre de Ste Ursule ; le seminaire de Viviers y
fait enseigner la philosophie.

AUBENAS

Cette ville, où il n'y a qu'une parroisse sous le vocable de
St Laurent, est située sur la riviére d'Ardèche, au centre du
Bas-Vivarais. Sa population est d'environ trois mille trois ou
quatre cent habitant. La subdélégation de Monseigneur l'Intendant y est actuellement excercée, et c'est la ville où elle est la
mieux placée, tant à cause de sa situation centrale, qu'à cause
des marchés extrémement considérables qui s'y tiennent tous les

----

(1) *En marge :* ce couvent doit être celui que j'ai fait suprimer il y a
quelques mois, a moins qu'il ne soit plus près de Bagnol. *(Note de l'Intendant).*

samedis de chaque semaine et qui y attirent les peuples de tout
le Bas-Vivarais et de bien d'autres pays, même du bas-Languedoc,
Dauphiné et Velay. Il y a dans cette ville un commerce
particulier et unique dans tout le pays qui est une manufacture
royale des draps destinés pour le Levant, où se fabrique annuellement environ deux cent cinquante balles de toutes les quantités
qui sont vendues à Marseilles, d'où elles sont exportées aux
Échelles du Levant pour le compte des négociants de cette place.
Cette manufacture des draps est dirigée par le sieur Verny (1),
qui en est propriétaire, qui par son intelligence et son application
s'est mis jusques à présent à l'abry des crises, qui [sont] très
frequentes dans le commerce, attendu que la consommation de ces
draps ne se faisant exclusivément que dans les Etats du Grand
Seigneur et pour le seul usage des Turcs. Cette consommation à
des bornes ; et des que la quantité exede à un certain point par une
fabrication trop active, il en résulte une surabondance de draps
dans les marchés du Levant, qui nuit au prix et nécessite une
diminution egalement nuisible et funeste pour le fabriquant et
les ouvriers. Des loix sages qui régleroient le travail des fabriques
pourroient éloigner les vissicitudes et donner à ce commerce une
marche plus stable. Les crises qui affectent les fabriques de
l'interieur ne présentent pas les mêmes conséquences. Ces
fabriques peuvent sans mouvéments jouir d'une entière liberté.

Il y à encore dans la même ville une manufacture royale de
mouchoirs de cotton, façon des Indes, où il se fabrique une
grande quantité desdits mouchoirs.

Il y à de plus un autre commerce de fabrication des memes
mouchoirs qui s'est établi à l'instar de la première ; il n'est pas
douteux que les filatures de cottons ne nuisent infiniment à celles
des laines ; sans la prévoyance dudit sr Verny, sa manufacture
de draps auroit pu être culbutée ; mais ayant pris le party de
porter sa filature dans les endroits où il n'y en a pas de cotton,
il a obvié à tout le mal qui auroit résulté du mélange des laines
avec le cotton. La ville profite peu de ces établissements, attendu

----

(1) Mathieu Verny, né à Clermont-lodève en 1711, mort à Aubenas en
1839. Il acheta en 1777 cette manufacture à François de Ruelle, son beau-père.

que les filatures et fabrications se font presque toutes dans les paroisses éloignées ; il y a encore deux fabriques ou moulins a soye, ou l'on fait ouvrer les soyes du pays ; il y a enfin une fabrique royale ou moulin a soye extrêmement considérable qui a été formée et construite sous les yeux du fameux M. de Vocançon, qui est unique dans le royaume ou les soyes sont portées au plus haut degré de perfection. Elle n'est pourtant pas dans la parroisse de ladite ville, mais dans celle de St Pierre d'Ucel, à un quart de lieue de ladite ville. Cette fabrique est actuellement très bien dirigée par les soins, l'exactitude, les attentions et le travail de Madame Deydier, veuve, fille d'un noble de la ville de Lyon, qui a deux fils qui paroissent devoir être les héritiers de son mérite, l'aîné (1) étant actuellement a Lyon pour tâcher de prendre des nouvelles lumières du commerce, et le cadet (2) aide à sa mère. Cet établissement paroit être digne de l'attention du Gouvernement ; au moins les deux enfants doivent-ils être affranchis du tirage des soldats provinciaux. D'ailleurs toutes ces manufactures royales auxquelles on avoit attribué, lors de leur établissement, quelques prérogatives, surtout celle d'exempter de la milice leurs enfants et principaux ouvriers, en sont privés depuis longtemps par des loix subséquentes. Le sindic du pays de Vivarais, constamment un des administrateurs, réside aussy dans ladite ville, à quoi M. son père s'obligea, lors de son élection, a cause de la localité.

Hôpital d'Aubénas

Cette ville a un hôpital dont on ne connoit aucune fondation. Mais il existe depuis un temps immémorial avec la tradition qu'on ne doit y recevoir que les pauvres de ladite ville et ceux du mandement, qui sont les parroisses de Saint-Etienne-de-Fontbellon, Mercuer, Saint-Dydier et Saint-Pierre-le-vieux. Même les maladies chroniques en sont exclues. Cependant on y

(1) Henri-Benoit Deydier de Sauveroche, né en 1766, mort en 1865, épousa à Aubenas en 1791 Magdeleine-Henriette Verny, fille de Mathieu Verny et de Félicité de Ruelle.

(2) Jean-Etienne-Marie Deydier du Lac, né en 1770, mort en 1836, marié en 1728 à Marie-Eugénie Espic, fille du député aux Etats Généraux.

reçoit tous les étrangers malades, quels qu'ils soient. Cet hôpital
jouit du revenu de trois mille cinq cent quarante-une livres, mais,
il y a des charges pour huit cent huit livres. Ce revenu consiste
en quatorze cent cinquante-six livres, en baux à fermes
d'immeubles ou pensions foncières et le surplus en rentes
constituées ou intérest sur ladite communauté d'Aubenas — et
plusieurs autres particuliers ; et lesdites charges consistent en
deux cent quatre-vingt livres qu'on donne a une fille qui a les
plus grands talents pour les soins des pauvres ou les personnes
qu'elle emploie, deux cent trois livres pour impositions, vingt-une
livres en cencives, deux cent deux livres qu'on paye annuellement
à deux différents particuliers pour les réserves qu'ils se sont faits
viagèrement à raison des dons qu'ils ont faits, cinquante livres
pour les honoraires d'un me chirurgien, soixante quatre livres
pour messes ou aumônes, en conséquence des anciens dons faits
audit hopital, qui est administré par un bureau composé du juge
de la ville, du procureur fiscal, du curé, des deux consuls, qui
sont membres de droit, et de MM. Blachière, subdélégué,
Cornuscle, avocats, Decombes, bourgeois, Brousse, bourgeois,
Méallarés et Pujolas, négotiants, du Sr Dalmas, sindic, et en
meme temps sécrétaire et trésorier, qui sont amovibles et
changés de temps à autre. Le médecin y a aussi voix délibérative.
Par les déliberations de ce bureau il y a deux membres d'iceluy
qui sont chargés de veiller plus spécialement a tout ce qui
intéresse ledit hopital. Ledit trésorier ne paye rien qu'en vertu
des mandements qui sont expediés par le bureau assemblé ou
pour les petites depenses par les administrateurs du mois.
Ledit bureau s'assemble tous les premiers dimanches de chaque
mois et il arrette les comptes des depenses du mois précédent ;
et toutes les années le compte général est cloturé ; s'il y à du
résidu qui soit un peu considérable, on le place pour lui faire
porter intérét, cependant a jour afin de pouvoir le rétirer en cas
de nécessité, ce qui n'arrive que trop souvent car les manufactures et ouvrages publics attirant beaucoup des étrangers
pauvres forment une surcharge pour ledit hopital. Les batimens
d'iceluy sont assez vastes et consistent en une cour, en entrant,
en une grande salle à la cime de laquélle il y à un autel, ou l'on

célébre la messe quelquefois ; il y a actuellement seize lits bien
garnis et fort en etat ; ceux des femmes sont séparés des hommes
par une cloison. Il y a pendant tout l'hiver un poële pour
échauffer ledit appartement. Ensuite une cuisine avec toutes les
commodités, une petite salle pour l'assemblée, trois autres
chambres ou pièces, une église fort vaste, et il est certain que
cet hopital est très bien administré même avec beaucoup de
zèle (1).

Il fut établyt un collège (2) dans ladite ville par Charles IX, à
l'instante prière du pays de Vivarais, qui fut confié aux Jésuites,
et a été administré par eux jusques à leur destruction. Il a été
rétably par Louis XV, suivant des nouvelles lettres patentes, et
confié à un bureau d'administration, composé du juge, procureur
fiscal, des deux consuls, de deux notables ; le principal y a aussy
voix délibérative, et M. l'évèque devroit y presider. Ledit collège
est administré par un principal, sous principal, et six regens
instituteurs, depuis la sixième jusques et compris la réthorique
(sic). Toutes les places sont bien remplies ; on peut même
assurer que ce college a augmenté sa célébrité, y ayant un
pensionnat d'environ soixante ecoliers, dont un certain nombre
n'est pas même du district du Bas-Vivarais, et il y a lieu de
croire, même d'etre persuadé, qu'il se soutiendra toujours à
cause du choix que l'on fait pour les instituteurs dans le
sémininaire de Viviers et de la liberté et facilité qu'on auroit de
les renvoyer si on n'étoit pas content d'eux et du party qu'à pris
M. l'Evèque d'assimiler leur état a celuy des vicaires pour les
nominations aux places de curé. D'ailleurs, ce collège sans être
riche à de quoi soutenir les dépenses nécéssaires ; son existence
est enfin de la plus grande nécéssité, car les habitans de ce vaste
pays ne jouissant pas de grandes facultés, seroient hors d'état de
payer des pensions et entretiens dans d'autres collèges. et en
cette ville ils trouvent toutes sortes de facultés. On les reçoit

---

(1) *On lit en marge :* il faut abréger l'article de l'hôpital en françois ; il
est d'un ennui à mourir. Le mémoire cependant est bon à conserver,
parce qu'il nous servira lorsque nous ferons parvenir au ministre un mémoire
détaillé sur tous les hôpitaux de la province. *(Note de l'Intendant).*

(2) *En marge :* cet article est encore tout entier a mettre en françois. *(Id.)*

3

dans nombre de maisons pour une très modique somme en leur
fournissant le logement et ustencille, et les parents leurs
envoyoint chaque semaine au moyen des marchés leur petit
nécéssaire pour vivre et s'entretenir et c'est par ce moyen que
tous les états sont remplis et civilisés.

Il y à dans ladite ville deux prieurés unis des filles connus
sous le nom d'abbaye de St Benoit, maison très respectable, un
couvent de mineurs conventuels connu sous le nom de Cordelliers,
qui vivent de leur révénu, dont le nombre a diminué à peu près
des deux tiers, n'etant aujourd'huy que trois prêtres et un frére.

Il y a encore un couvent de peres de St Dominique, vivant
aussi de leur revenu, mais aussy peu nombreux, n'étant que
deux et quelquefois trois avec un frere.

Il y a enfin une congrégation de filles de St Joseph qui vivent
aussi de leur révénu, ou l'on apprend aux jeunes filles les
premiers éléments de la religion, de la lecture et écriture.

Au surplus, il y a deux maitres teinturiers, quatre M^{es} tanneurs,
deux chamoiseurs et quelques filatures des cocons du pays. Et
enfin il s'y fait un commerce tous les jours de marché de tout ce
que le pays peut fournir, et la ville en particulier a un commerce
en détail et des artisans necessaires pour fournir a ses besoins ;
il y a même une foire annuelle le 17 janvier, où il se vend
beaucoup de choses, surtout un grand nombre de cochens.

PRIVAS

Cette ville est située a deux leües du Rhône et est réputée la
capitale des Boutiéres, n'y ayant qu'une paroisse ; elle contient
environ deux mille cinq cent habitans. Il y à dans son territoire
trois fabriques ou moulin a soye ordinaires et il s'y fait un
commerce en soye assez considérable ; il y a aussi un commerce
en tanneries, qui a souffert quelques diminutions depuis
l'établissement d'un impôt sur ce commerce. Cependant il est
encore assez en vigueur. Les habitans y sont industrieux et
laborieux, donnant dans les fermes et autres parties où ils
peuvent faire quelques profits. Il y a dans cette ville un couvent
des Récollets dépuis longtemps, avec un seul religieux et

quelquefois deux, une congrégation des filles de St Joseph assez nombreuses qui ne fait que des vœux simples, et un marché par semaine.

Hôpital de Privas

Un hôpital dont on ne connoit pas de fondation, mais qui existe depuis très longtemps, qui jouit de huit cent livres de rentes quittes, à prendre sur des particuliers ou des communautés auxquels des biens fonds ont été anciennement inféodés. Les filles de charité établies en ladite ville par lettres patentes sont obligées de servir gratuitement les pauvres, en même temps que de fournir aux écoles des filles. Les directeurs sont le juge, procureur fiscal, le curé, et les consuls et huit autres électifs, qui sont MM. Barruel de Bavas, Sauzet de Fabrias, Bernard de St Arcons et Fabrias de Rochegude, vivant noblement, MM. Guinabert, avocat, Marze, bourgeois, Durand et Lachave, marchands riches fonciers. Mr de Sauzet de Fabrias en est sindic, et le Sr Roure second consul, lieutenant de maire, en est trésorier. Les comptes sont rendus toutes les années ; la maison dudit hopital est assez bien placée et contient trente trois toises quarrées en plafond ; il y a dix lits a rideaux, dont six seulement à matelats et quelques mauvais lits d'ailleurs pour les passants.

LARGENTIÈRE

Cette ville n'a qu'une parroisse et est située a deux lieües d'Aubenas du côté du midy, contient une population d'environ seize cent ames ; il y a deux fabriques ou moulins à soye assez considerables et bien occupées ; c'est a peu près le commerce qui s'y fait ; un couvent des Recollets composé seulement de trois religieux, vieux et podagres ;

Un autre couvent des religieux conventuels dit Cordelliers, composé de deux pretres et un frere vivant de leur revenu et les dits recollets par la quête.

Plus une maison religieuse de filles sous le vocable de Notre Dame (1), qui est assez nombreux et bien composée et qui vit de ses revenus.

(1) *En marge :* tout cela est mal écrit, mais les détails seront précieux à conserver. (*Note de l'Intendant.*)

Hôpital de Largentière

Il y a en outre un espèce d'hopital sans maison, dont les revenus consistent en onze cent livres en rentes foncières ou constituées sur differents particuliers. Cet établissement n'existe que depuis environ cinquante ans par les dons de differents particuliers. MM. les administrateurs sont MM. Denant, curé, Blachère, premier consul maire, et les conseillers MM. de La Beaume, chevalier de Vinezac, de Saint-Pierreville, de Comte, Dubois et Fayolle, qui nomment des dames de la miséricorde de la première classe et qualité à tour de rôlle pour faire la distribution à propos des dits revenus aux pauvres de ladite ville ; ledit M. de Saint-Pierreville en est le receveur ; les comptes en sont rendus toutes les années ; quand il y a du résidu, il est placé sur le pays de Vivarais, ce qui a fait une augmentation de deux mille quatre cent livres en capital, qui a aussi augmenté le revenu qui n'etoit que d'environ mille livres. D'ailleurs il y a dans cette ville un petit commerce local qui suffit pour le besoin des habitans et des artisans pour subvenir à ce qui leur est nécessaire avec un marché tous les lundis de chaque semaine, et une foire le jour de Saint-Martin.

JOYEUSE

C'est une petite ville a trois licües d'Aubenas du côté du midy ; sa population est d'environ seize cent habitans. Il n'y a d'autre commerce que celuy de nécessité pour les habitans, qui par la se procurent ce qui leur est nécessaire, facilité par un marché qui se tient tous les mecredis de chaque semaine. Ils ont aussi les artisans qu'il leur faut pour pourvoir à leurs besoins. Il y a une maison des peres de l'Oratoire, qui font les fonctions de curé ; n'y ayant qu'une seule parroisse, ils ne sont que deux ou trois au plus.

Hopital de Joyeuse

Il y a un espèce d'hôpitai ou pour mieux dire une œuvre pie, dont on ne connoit ni la fondation ni l'origine, qui n'a que six cent livres de revenu en pensions foncières ou rentes constituées ;

et comme il n'est point en etat d'avoir des lits ni de payer les personnes utiles aux pauvres, il a laissé a la ville une petite maison qui lui apartient pour servir de cazernes a la demy compagnie en garnison en ladite ville. Le bureau qui administre cette œuvre est composé du curé, consuls et conseillers politiques. Il y a un trésorier sur lequel on fait des mandements pour le secours des pauvres malades dans leurs maisons sur des bouchers, boulangers et pour les remèdes. Et lorsque le revenu n'est pas suffisant, le curé et consuls font une quette qui rend toujours assez pour pourvoir aux besoins. D'ailleurs le compte du receveur est arreté toutes les trois années par le conseil de la communauté ; plusieurs personnes font filer les cocons de ce canton.

VILLENEUVE DE BERG

Cette ville est a quatre lieües de Viviers en remontant du coté du nord, avec une seule parroisse et sa population est d'environ deux mille cent habitans ; il n'y a d'autre commerce que celui qui est nécessaire pour procurer aux habitans ce qui leur faut, mais huit foires considérables et des petits marchés toutes les semaines, et depuis quelque temps il s'y fait quelque commerce de soyerie. D'ailleurs, ils sont pourvus des artisans pour subvenir a leurs besoins, une sénéchaussée royale établie en 1783, un couvent de capucins composé ordinairement de six à sept prêtres et deux freres qui vivent de quette, avec un hopital ou maison de charité, dont on ne connoit ni la fondation ni le fondateur, mais qui existe de tous les temps.

Hopital de Villeneuve de Berg

La maison est située au nord, a deux cent pas des murs de la ville, assez vaste, y ayant au rés-de-chaussée une grande cuisine et trois pièces, dans deux desquelles il y a deux lits a chacune et dans la troisième de la paille seulement pour coucher les passants, dans le premier étage une salle avec deux chambres à un lit chacune, une chapelle. Cet hopital n'avoit anciennement que cinq cent livres de revenu, mais depuis l'année 1750 plusieurs personnes y ont fait des dons pour environ soixante mille livres en capitaux sur differents particuliers. Le bureau d'administration

est formé de MM. de Barruel, juge mage audit Sénéchal,
Deliere, procureur du roy, les consuls, le curé, inamovibles ; et
les élus sont MM. Boissière-Rabagnol, lieutenant principal, de
Barruel, conseiller d'honneur audit Sénéchal, trésorier, Vacher,
conseiller, Guigon premier vicaire, Julien avocat, Cade avocat,
Marze procureur sindic, Feuillade chirurgien et Vernet mar-
chand. Cet hopital a en conséquence environ trois mille cinq
cent livres de rentes, sur laquelle il y a néammoins a defalquer
celle de deux cent nonante livres, savoir deux cent cinquante
livres pour la pension d'un séminariste dont il est chargé par un
des dons qui lui a été fait, et quarante livres en faveur des
pauvres de la meme ville. D'ailleurs il n'y a aucun gage pour le
service des malades, n'en recévant presque point dans les
batimens ; un homme avec sa famille, a qui on donne le
logement et quelque petjt fonds atténant, est chargé de l'entrétien
desdits batimens, et deux dames de charité prénant soin des
pauvres qui y sont portés, ayant ladite famille à leurs ordres.

Les administrateurs par leur zèle et leur attention sont
parvénus a créer sur le pays de Vivarais différentes rentes qui
réunies se portent a seize cent livres par les remboursements
qu'ils ont occasionné de différents particuliers ou quelques
résidus, ce qui, sans augmenter les révénus, est pourtant très
avantageux a cause de la plus grande solidité et l'exactitude dans
les payements ; et comme d'un coté les habitans de ladite ville,
quoique très pauvres, se faisoient une véritable peine d'être
transportés dans lesdits batimens dudit hopital, que d'ailleurs il
y a une économie considérable en épargnant des gages des sœurs
et domestiques, ils ont cru opérer un plus grand bien en confiant
a douze dames de piété, les plus qualifiés de la ville, le soin de
distribuer les revenus auxdits pauvres dans leurs maisons ; en
recévant néanmoins audit hopital ceux qui démandoient a y
entrer, tout comme les etrangers. Les comptes sont d'ailleurs
arrétés fort souvent, et quoique nous soyons persuadés par la
connoissance que nous avons des administrateurs que le bien
s'opère, mais comme la forme est tout à fait différente de celle
qui est ordinaire et généralement observée nous avons crû devoir
en faire part à Monseigneur l'Intendant.

PRADELLES

C'est une ville placée sur la plus haute montagne et tout prés du Gévaudan. Sa population consiste a environ treize cents habitans. Il s'y fait un commerce assez considérable en grains et en bestiaux de toute espéce, c'est a dire en bœufs, veaux, vaches, moutons, brebis, chevaux et chevres, Il y a deux maisons, une de religieux de St Dominique, composée de quatre a cinq religieux et l'autre de religieuses de notre Dame assez nombreuse. L'une et l'autre vit de ses révénus.

Hopital de Pradelles

Il y à un hopital qui a deux mille livres de révénu en fonds de terre, en rentes sur le pays de Vivarais et sur divers particuliers, existant depuis plusieurs siècles, sans qu'on en connoisse ny le fondateur ni la fondation. Il est administré par quatre directeurs qui sont MM. le curé, le bailli, le lieutenant de juge et le premier consul. Le batiment est situé a l'extrémité de la ville, assez vaste ; il y a trente lits, qui sont ordinairement occupés. Ses révénus ne suffisant point, on y joint les aumônes que font les personnes charitables. Les comptes en sont rendus toutes les années.

LAVOULTE

Cette ville est située sur le Rhône, à l'éxtrémité septentrionale de ce département. Sa population est d'environ treize cents habitans. Il ne s'y fait d'autre commerce que quelque filature de soye provénant du crû des habitans ; il y a un couvent d'Augustins, composé ordinairement de deux ou trois religieux qui vivent de leur revenu ; une œuvre de charité, dont le revenu se porte a cinq cent soixante livres, consistant en quarante livres pour la ferme de deux terres et le surplus en rentes ou pensions sur divers particuliers. Cette administration est dirigée par M. Rast, chevalier de l'ordre militaire de St Louis, juge, M. Fuzier, procureur fiscal, M. L'évèque, curé, MM. les maires et consuls, M. Duparquet, prêtre, M. Vallentin, prêtre et trésorier. Comme il n'y a point de Maisons pour récévoir les pauvres, ce révénu se distribue auxdits pauvres dans leurs maisons. Mais

les comptes ne se rendent point exactement. Il est meme pretendu
qu'il doit y avoir du residu qui pourroit être placé. Pour cela il
paroitroit à propos de faire apurer les comptes depuis qu'ils n'ont
pas été rendus. Il est prétendu qu'il est du a ladite œuvre une
pension de sept cent livres par M. le Maréchal Prince de Soubise,
ce qui fait un procés pendant au parlement de Toulouse.

ROCHEMAURE

C'est une petite ville sur le bord du Rhône, qui ne fait autre
commerce que la filature des soyes du crû des habitans et des
grains qui descendent de la Bourgogne, lorsque les circonstances
paroissent favorables à ceux qui veulent faire ce commerce. Sa
population est d'environ neuf cents habitans.

LE CHEYLARD

Cette ville est située dans les Boutiéres. Sa population est
d'environ quinze cent cinquante habitans. Il n'y a que quelque
petit commerce de bestiaux, de grains et d'huiles de noix et cinq
a six taneurs ou chamoiseurs.

Nous finirons l'article des hôpitaux par observer a Monseigneur
l'Intendant que les établissemens ne sont point obligés de
récévoir les enfants trouvés, attendu que les loix et la jurispru-
dence constante du parlement de Toulouse ne leur en font pas
une obligation. C'est une charge des seigneurs attachée a leur
haute justice ; *ibi onus ubi emolumentum*. Il seroit bien à désirer
qu'on trouvât des moyens pour augmenter les revenus de ces
établissemens si précieux à l'humanité, étant uniquement em-
ployés à soulager et rétablir la santé de la classe la plus
indigente, quoique trés nécéssaire, qui sont ordinairement les
travailleurs de terre. On ne voit pas trop d'autres moyens que
d'y joindre les révénus en tout ou en partie des maisons
religieuses qui dans les suites par deffaut de sujets ou par l'autorité
du gouvernement pourroient etre detruites. On croit meme que
cet événément ne peut pas manquer d'arriver par le petit
nombre de religieux qui composent actuellement lesdites communautés, surtout celles sous la denomination d'ordres mendiants,
qui ont pourtant certains revenus.

CHAPITRE 6ᵐᵉ

Les bestiaux avec l'espéce particulière a chaque canton

La partie de la montagne qui est du département du Bas-
Vivarais est si froide que la neige y séjourne annuellement plus
de six mois, et comme pendant ce temps il faudroit nourrir les
moutons et brebis dans les écuries, les fourrages qu'on y récolte
ne seroient pas suffisants, et c'est par cette raison que les
habitans de ce canton n'en tiennent qu'un petit nombre, qui
peut se porter a environ trois cents, tant moutons, brebis
qu'agneaux ; mais il y a a peu près deux mille bœufs, vaches ou
taureaux.

Dans les autres cantons du Bas-Vivarais, il y a plusieurs
domaines de differente valeur, appartenant à des seigneurs ou
bourgeois, où il y a des bœufs aratoires et des troupeaux considerables de moutons et brebis. Il n'y a pas de paysan proprietaire
qui n'ait un petit troupeau de moutons, brebis ou agneaux, qui
lui procure des laines pour s'habiller et sa famille, du moins en
partie, des fumiers pour l'engrais de ses terres, sans quoi il ne
sauroit avoir du blé, ni légumes, ni jardinages, même quelque
petit profit ; et parmi ce nombre de familles, qui se porte a
vingt trois mille sept cent vingt quatre, après avoir distrait celles
de la montagne, il y a des gros domaines qui nourrissent un
nombre considérable de ces bestiaux, et nous estimons une dans
l'autre en nourrit quinze, ce qui fait trois cent cinquante-cinq
mille huit cent soixante betes a laine, qui sont allimentées en les
faisant garder la plus grande partie du temps dans les chaumes,
les préries, après avoir recueilly les regains et dans la saison la
plus difficile dans les écuries avec quelque peu du foin, regains,
pailles, feuillages, qu'on a soin de recueillir dans la belle saison.
Mais ces petites productions industrielles ne sauroient suffire ; on
envoit une grande partie en ces bestiaux sur les montagnes
pour y paturer pendant trois ou quatre mois de l'été. Il y a un
certain nombre de ces familles qui engraissent desdits moutons,
ce qui peut se porter a quinze mille, qu'ils vendent dans les foires
ou a des bouchers de Provence et du Comta, après en avoir pris

la toison ; mais les chairs ne sont pas aussi succulantes que celles des montagnes.

Dans les mêmes campagnes il y a au moins deux mille charéttes attelées pour le commerce. Dans les campagnes, même quelques unes dans les villes, il y a au moins dix mille chevres et trois mille mauvais chevaux, mules ou ânes pour le charoys des fumiers et denrées aux marchés, dont la nourriture est peu de chose et a la faveur desquels les paysans les plus laborieux se procurent des grains pour leur usage par des echanges avec du vin et fruits qu'ils portent dans le Velay et autres montagnes.

Dans les villes ou campagnes il y a trente mille cochons pour la provision des habitans ou qui sont vendus aux étrangers : le plus grand nombre et ceux de la plus belle espèce sont dans la partie des Boutiéres. Il y a dans ce département quelques seigneurs ou gens riches qui ont quelques carosses ou autres voitures attelées avec des mules ou chevaux, ce qui peut se porter au nombre de cent. On ne s'aperçoit pas qu'il y ait aucune diminution dans les bestiaux : il peut bien dans certaines circonstances y avoir des variations, ce qui se repare, et en général les domaines en sont fournis comme ils l'ont toujours été.

CHAPITRE 7ᵐᵉ

Difference de la culture et productions de la pleine a celles des montagnes

1° Qu'ant aux cultures, celles des montagnes consistent à cultiver quelque peu de terres pour avoir quelque petite quantité de seigle, d'avoine, pommes de terre ou légumes, ce qui se fait, partie avec des bœufs aratoires et partie à la pioche. Mais c'est peu de chose, car on a grand soin de ne pas aprofondir le sillon au déla de cinq a six pouces, attendu qu'on a observé que la terre qui se trouve au dessous est une éspéce de pouzolane, qui fairoit perir les grains qu'on y séméroit. D'ailleur on a soin de l'irrigation des préries : toutes les cultures ne sont pas bien considérables.

2° Sur les plateaux, comme les Boutiéres et le Coyron, on y

cultive les terres à blé et pour la prospérité des arbres, partie
aussi avec des bœufs aratoires et partie à la pioche, ce qui emporte
au moins la moitié des récoltes.

3° Quand à celles des terres qui sont à la décente des montagnes,
elles sont toutes cultivées à la pioche et il en coute considéra-
blement pour avoir quelque peu de récolte.

4° Les travaux du plat pays se font à peu près la moitié par des
bœufs ou mules aratoires et l'autre moitié à la pioche.

Productions

Celles de la montagne sont les plus dures, du moins pour ce
qui est fourrages, le reste étant peu de chose en cette partie, ces
sortes de productions n'étant exposées qu'à la mortalité des
bestiaux, ce qui arrive rarément.

Celles du plateau appellé Coyron, consistant seulement en
bestiaux, seigle et toute sorte de légumes, sont aussi assez
assurées, du moins pour ce qui concerne les bestiaux, ce qui est
assez important. Qu'and aux autres récoltes, elles sont sujettes
assez fréquemment aux gelées, grèles, et autres accidents du ciel.

Il n'est que trop certain que les révénus des autres parties ne
sont presque que des révénus d'industrie, sujets à toute sorte
d'accidents.

Le plateau des Boutières donne du seigle, des noix et chataignes
et pommes de terre, et fournit à la nourriture de quelques
bestiaux ; mais il en coute une grande partie pour les travaux.

Les terres qui forment la décente des montagnes ne fournissent
également que des chataignes, noix, seigle, legumes, pommes
de terre et quelques bestiaux ; mais il en coute beaucoup pour
la culture et toutes ces espéces de récoltes sont sujettes à tous les
accidents du ciel, qui sont fort fréquents, et de plus à etre ravagés
par les grandes pluyes à cause de leur situation.

Quand au plat pays, il y en à une partie, ce qui peut faire à
peu près la moitié, qui produits du froment, seigle, milhet, orge,
pommes de terre ; mais ce n'est que par le secour du fumier et
des travaux considérables. Dans l'autre partie il n'y a que du
seigle et mêmes autres grains cy dessus mentionnés. Il y à

quelques cantons d'oliviers, dont on ne compte guére le produit
reussissant rarément. Certaines parties sont couvertes de chataigners. Il y a partout une assez grande quantité des vins et des
feuilles de meuriers ; on peut meme dire que ce sont les deux
uniques réssources des habitans. Et il n'est pas moins vray que
toutes ces récoltes sont sujettes a tous les accidents du ciel,
comme grêle, gelée et autres qui sont très communes dans cette
contrée, et qu'en outre celle des cocons est extrémement cazuelle
d'ailleurs et qu'elle manque souvent malgré toute l'industrie, les
soins et les applications les plus suivis, qu'enfin ces deux récoltes
sy précieuses., sans le secour desquelles on ne sauroit vivre ni
payer les impots, languissent depuis quelques années, le vin
n'ayant presque aucun débit. le peu qu'on en rétire suffisant a
peine pour payer les cultures. les soyes se vendant aussi difficilement et a trop bas prix. Ces deux événéments ont extrémement
découragé les cultivateurs et apauvri le pays. On espére que le
traitté de commerce entre notre monarque et le roy d'Angleterre
pourra donner quelque faveur aux vins. Il semble qu'il seroit
aussi juste qu'avantageux qu'on rendit commun a la province de
Languedoc l'arrêt du conseil du 10 septembre dernier rendu en
faveur de la Guyenne. qui porte exemption du droit de transit.
Tous les vins qui arriveront dans le port de la sénéchaussée de
Bordeaux pour y etre embarqués, qu'ils jouiront pareillement du
bénéfice de l'entrepot dans lesdits ports, sans payer les droits dûs
à l'entrée de ladite senechaussée. et que les droits de sortie de
ladite sénéchaussée sur les vins, même ceux de ladite sénéchaussée, sont réduits a deux livres par tonneau pour ceux allant
a l'étranger, ce qui pourroit donner quelque facilité a la vente
desdits vins ; les soyes se vendent aussi difficilement et à trop
bas-prix, a quoi on pourroit vraisemblablement rémédier en
mettant des entraves a l'entrée des soyes étrangéres et en donnant
moins de crédit aux mousselines et au cotton.

CHAPITRE 8me

*Defrichémens qui peuvent etre utiles dans certains cantons
et très nuisibles dans certains autres.*

1° Tout defrichemens est très nuisible sur les montagnes du
Bas-Vivarais, car outre qu'ils occasionnent la perte des paturages,
ils sont ce qu'il y a de plus essentiel pour la nourriture et meme
l'augmentation des bestiaux. Ils sont encore la source des
quérelles et souvent des meurtres et assassinats, attendu que ces
défrichemens se font ordinairement dans les paturages communs
qui sont inféodés à chaque communauté. Les gens sans aveux,
qui ne jouissent d'aucun fonds, ne payant ni taille ni censive ni
aucune autre charge sous pretexte qu'ils sont ou natifs de la
paroisse ou y résidants depuis quelque temps, s'en emparent au
préjudice des habitans, les defrichent et y sement quelque peu du
seigle, avoine, raves et pommes de terre ; et comme ces nouveaux
champs ne sont pas clos, il est difficile d'empecher que le betail
ne s'echape quelque fois, ce qui occasionne des rixes souvent
sanglantes. Et on croit que l'utilité publique et le bon ordre
exigéroient que tout defrichemens fut defendu dans cette partie.

2° Il semble qu'il n'en doit pas etre de meme dans les parties
basses, ou il y a des vastes garrigues, landes ou terres vagues,
dont nous avons parlé au chap. 3me de ce mémoire, ou la division
ou defrichement pourroient être utiles, ainsi que nous l'avons
démontré, pourveu que la permission en fut accordée en connoissance de cause, etant par conséquent inutile de le répéter ici.

CHAPIRTE 9me

*Quantité des bras qu'exigent les travaux des terres
et ceux des grands chemins.*

On croit pouvoir assurer qu'il y a cent mille personnes des
deux sexes employées aux travaux de la terre qui communement
ne s'occupent à ceux des grands chemins que lorsque les premiers
sont finis ; et dans le temps qu'elles ne peuvent pas travailler ni a
l'un ni a l'autre, soit par les grands froids, pluyes, ou neiges,
meme les soirées, ces memes personnes, en y joignant encore les

vieilles et enfans, s'occupent a filer des laines ou cottons, meme au triage des uns et des autres.

CHAPITRE 10ᵐᵉ

Prix de la main d'œuvre dans les différents temps de l'année dans chaque endroit et en général.

Ce prix est général partout. On paye les hommes dans les temps les plus présants de vingt à vingt quatre sous par jour, nourriture comprise et les femmes de douze a quatorze sous. aussi nourriture comprise, et lorsqu'on nourrit comme dans les temps de vendanges, les hommes a'dix sous et les femmes a cinq sous.

CHAPITRE 11ᵐᵉ

Qu'elles sont les manufactures du diocèse ?

On a déjà répondu a ce chapitre. Cependant. comme il est intéréssant, on y reviendra en peu des mots.

La manufacture des draps destinés pour le Levant. tout comme les deux des mouchoirs de cotton ou fils, sont uniques dans le Bas-Vivarais ; placées à Aubenas. celle des draps appartenant au sieur Verny et celle appartenant au sieur Ruelle ont le titre de manufacture royale. Il y a en outre celle de Madame Deydier pour la perfection des soyes placée également au pont d'Aubenas, qui a le titre de manufacture royale. Il seroit superflus de répéter ce que nous avons dit des moulins a soye. qui n'ont point d'ailleurs aucune dénomination de manufacture Ces sortes d'établissements sont d'une si grande. utilité qu'on ne sçauroit trop répéter qu'ils méritent, tout comme le commerce des soyes, la plus grande attention de la part du gouvernement.

CHAPITRE 12ᵐᵉ

Différence des manufactures ; comment se sont elles souténues dans les temps des crises ; nombre de teinturiers ; moyens ou difficultés de rétablir le commerce.

La différence des manufactures est caractérisée par la diversité des genres des marchandises qu'elles font ; mais elle doit l'etre encore par la consommation intérieure ou extérieure ; leur utilité est également recommandable. Si les unes attirent l'argent dans le royaume, en rendant tributaire de notre industrie les nations etrangéres, les autres l'empechent d'en sortir, en utilisant les productions nationales. Et elles méritent les unes et les autres l'attention du gouvernement, et comme nous avons répondu aux autres questions de ce chapitre au quatriéme du présent mémoire a l'article concernant la ville d'Aubenas, il nous a parú superflus d'user de répétition.

CHAPITRE 13ᵐᵉ

Quantité d'ouvriers ou bras qu'emploit le commerce.

Il est très difficille de savoir bien au juste la quantité des bras qu'emploit le commerce. Cependant par les lumiéres les plus exactes qu'il nous a été possible de nous procurer, nous croyons pouvoir assurer que le commerce dans le Bas-Vivarais emploit journellement d'une maniére en d'autre trente mille personnes et que pendant l'hiver et surtout les soirées et les temps de pluye ou de neige, il en emploit quatre vingt mille; parmi lesquelles un trés grand nombre de vieillards et d'enfans, qui ne sont propres a autre chose, ainsi qu'on la déja dit.

CHAPITRE 14ᵐᵉ

Le commerce de cotton trop rapproché de celuy des draps peut il lui nuire ?

Nous avons déjà dit un mot sur ce chapitre au susdit chapitre quatre, article d'Aubenas. Cependant nous répeterons que les filatures des cottons nuisent infiniment a celles des manufactures des draps ; mais ledit S. Verny, qui est le seul fabriquant des draps destinés pour le levant, s'en est garanty, en portant les fillatures de laine dans les endroits ou il n'y en a point de cotton.

CHAPITRE 15ᵐᵉ

Quelles sont les autres branches de commerce ?

Tout le commerce du Bas-Vivarais consiste en ladite manufac-

ture des draps destinés pour le levant aux deux manufactures des
mouchoirs en fil ou cotton, en celle des moulins a soye inventée
par Mr Devocançon, en un grand nombre des moulins a soye
ordinaires, en la filature des cocons qui s'y recueillent, en la
fabrication des cadis, ratines et burates, aux bestiaux tant bœufs,
vaches, taureaux, veaux, mouton, brebis, agneaux, cochons, et
chévres, dont on a parlé emplement dans les articles qui leurs
sont propres et particuliers.

CHAPITRE 16ᵐᵉ

Résultat de l'idée que nous avons donné de la population.

C'est cette population qui forme l'existence du pays et qui fait
vivre les habitans et donne les moyens d'acquitter les impots qui
sont extrémement considérables, les uns étant attachés au
commerce, les autres à l'agriculture, certain nombre aux arts
et métiers, et plusieurs autres a veiller a ce que chacun remplisse
son état.

CHAPITRE 17ᵐᵉ

Qu'elle est la quantité des grains
qu'il faut pour la nourriture des habitans ?

Comme nous pensons et nous sommes même persuadés que le
nombre des habitans du Bas-Vivarais est de cent soixante mille,
qu'il faut selon l'idée commune trois setiers de grains pesant
chacun cent trente livres pour la nourriture de chaque individu,
l'un comportant l'autre, il s'en suit qu'il en faudroit quatre cent
quatre vingt mille setiers ; mais comme l'experience nous aprend
que tout ce qui est peuple ou du moins un trés grand nombre se
nourrit avec des chataignes au lieu du pain pendant une grande
partie de l'année, nous pensons qu'il faut réduire cette quantité
a trois cent mille setiers, au moyen duquel secour de la récolte
du pays du voisinage de l'Auvergne et dans les temps les plus
malheureux quelque secour de la Bourgogne par le Rhône, nous
estimons que cette contrée n'a jamais a craindre pour le manque
de grain.

CHAPITRE 18me

Quantité de bois qu'il faut pour la consommation.

Il n'est pas possible de determiner cette quantité de bois ; tout ce que l'on sait en général, c'est que les manufactures cy dessus mentionnées, les teintureries, les tanneries et les filages ont jusqus icy fait une consommation annuelle au moins de cent vingt mille quintaux de bois, qu'un certain nombre des maisons, qui peut aller à soixante, en font une comportant l'autre, une consommation de six cent quintaux la chacune, que tout ce qui est avocat, medecin, bourgeois, negociant et autres a peu prés de cet état en font une consommation d'environ deux cent quintaux chacune, ce qui fait environ cent maisons et supléant a ce qu'il leur manque par les sarments de leurs vignes, bois mort ou émondages de leurs terres, et que les artisans et paysans qui forment le restant du pays, n'en achetent pas, les bois qu'ils peuvent se procurer de leurs terres leur étant suffisant, ne pouvant mieux faire ; d'ailleur le bois de chêne verd se vend onze sols le quintal, poids de Montpellier.

CHAPITRE 19me

Qu'elles sont les fabriques ou manufactures
auxquelles le charbon de terre ou de pierre pourroit convenir ?

On a essayé le charbon de terre des mines concedées a M. le comte d'Antraigues, dont il a été parlé cy dessus dans les fabriques des draps pour le levant et des mouchoirs et on s'en sert avec succés sauf pour les teintures de l'écarlate. On commence aussi a s'en servir pour les filatures des cocons, tout comme les teintures et les taneries. Plusieurs bonnes maisons et autres maisons ordinaires en aliment ent leurs poëles ; certains autres commencent d'en faire usage dans les cuisines et chambres. Plusieurs serruriers et marechaux s'en servent de même et on espére que les mines procureront le plus grand avantage et supléeront a la rareté et chérté du bois.

CHAPITRE 20ᵐᵉ

Y a-t-il quelque mine de charbon dans le Bas-Vivarais ;
l'exploitation en est-elle aisée ?

On a précédemment répondu a ce chapitre ; il suffira d'ajouter
que l'ouverture et les fouilles n'ont pû qu'être fort chers et
l'exploitation est assez couteuse, mais qu'elle se fait bien, dirigée
par un mineur entendu selon les régles de l'art.

CHAPITRE 21ᵐᵉ

Donnez enfin des éclaircissements sur les autres articles et objets
qui pourroient être dans ce département.

1° Les habitans de Viviers se sont toujours plaints de ce que
le gouvernement et les administrateurs de la province et du pays
ont refusé d'établir près de leur ville un port sur le Rhône.
prétendant qu'il seroit de la plus grande utilité pour eux et pour
tout le pays. Cependant nous pensons qui en ayant un a chacun
de la ville de Bourg-St-Andéol et du lieu de Teil tout a fait
voisin de Viviers, ce nouveau port ne seroit pas un grand
avantage.

2° Il nous est révénu plusieurs fois qu'il arrivoit souvent des
discussions au sujet des principaux ouvriers et autres subalternes
de differentes fabriques ou moulins a soye. qui subornés ou par
mauvaise intention quittent sans raison ni congé leurs maitres a
moitié ouvrage, quelques fois etant leurs débiteurs, debauchant
meme des subalternes ; il fut rendu un arret du conseil le
2 janvier 1749, qui remedioit a ces abus, mais etant tombé en
desuétude, il n'est plus éxécuté. Il seroit peut etre a propos, si
Monseigneur l'Intendant le juge de meme, qu'il rendit une
ordonnance qui le rémit en vigueur (1).

3° Les contestations qui régnent entre les officiers des seigneurs
ou les seigneurs eux-mêmes, et les maires et consuls des villes et

_____

(1) *On lit en marge :* il seroit bon de connoitre cet arrêt du conseil pour
faire usage de cet avis : il est utile.

et autres communautés au sujet de la police, chacun prétendant
en avoir l'exercice, fournissent aux uns et aux autres le prétexte
de l'abandonner, ce qui est un trés grand mal et occasionne
souvent des discussions sanglantes et même des meurtres, outre
les inquietudes des bons habitans et en un mot occasionne des
désordres infinis, car un grand nombre des gens du peuple ayant
la faculté de passer les nuits dans les tavernes, après s'etre gorgés
de vin, finissent trés souvent par des catastrophes les plus
affreuses, a quoi il seroit aisé de rémédier par un réglement de
police. Il semble meme qu'il seroit avantageux de la confier aux
maires et consuls avec les conseils des communautés ; par plusieurs
motifs, le premier que trés souvent les officiers des seigneurs ne
resident point dans les paroisses où ils sont juges.

Le second que cette attribution est une véritable charge dont
les maires et consuls se chargeroient plus volontiers que les
juges, attendu que leurs états étant amovibles, ne devant durer
qu'un certain nombre d'années et ayant été choisis par leurs
communautés, ils se fairoient gloire de remplir leurs devoirs. Le
principal devroit consister a ce que tous cabarets et tavernes,
surtout dans les paroisses des campagnes fussent fermés a nuit
tombante, et comme lesdits consuls ne pourroient etre en force
pour faire sortir les buveurs, il paroitroit a propos de faire
retomber l'amende, qui seroit prononcée en pareil cas contre les
cabarétiers et taverniers. Il seroit encore ce semble du bon ordre
d'accorder auxdits maires, consuls et conseils des communautés,
le moyen d'arrêter les petits vols, comme de quelque jardinage,
quelque peu de bois, raisains et autres choses de cette espéce,
qui se multipliant aujourd'huy a l'infiny, attendu que ceux qui
les commettent sont communément des gens qui n'ont rien à
perdre, qu'on ne peut néanmoins poursuivre qu'en la forme et
maniére que les autres crimes, ce qui fait que ceux qui ont été
volés gardent le silence, ne voulant pas ajouter au perdu, ce
qu'on éviteroit infailliblement si l'on accordoit par forme de
police auxdits maires et consuls toujours assistés du conseil, la
faculté de pouvoir sur des enquêtes sommaires punir les délin-
quants par la prison ou autre peine. Mais en tout evénément il
seroit très intéressant qu'il fut fait un réglement qui décida les

droits et les devoirs des officiers, des seigneurs et des maires,
consuls et conseils politiques, qui rétabliroit la police qui ne
s'exerce presque plus. Il est meme a craindre que l'habitude de
ces petits vols ne conduise les coupables a en comettre des plus
considérables et par gradation des meurtres et des assassinats.

1° Il y a des ordonnances de Nosseigneurs les Intendants
portant que chaque communauté entrétiendra les chemins de
communication de l'une a l'autre, chacune dans son territoire,
qui sont si fort négligés et tombés en désuétude que lesdits
chemins sont tout a fait impraticables, tout comme ceux des
terroirs que chaque particulier devroit entréténir en droit sey et
qu'il détruit au contraire. Il paraitroit très intéréssant de renou-
veller lesdites ordonnances, même d'y ajouter ce que Monseigneur
l'Intendant trouveroit d'utile (1).

Enfin, il est certain que ce pays ne subsiste et ne peut subsister
que par le grand nombre des ouvriers que lui fournit sa population pour pouvoir par des travaux multipliés fertiliser son
terrin, dont la plus grande partie est de mauvaise qualité et par
les ressources que lui fournit le commerce.

5° Il se perçoit dans certaines villes, les jours de marché, un
droit assez fort, appelé leyde, sur tous les grains qui sont vendus
auxdits marchés, qui est une surcharge pour le pauvre peuple,
les gens aisés s'en garantissant par les provisions en gros, qu'ils
font chez eux sans être exposés aux marchés. Comme c'est une
espéce d'impot, qu'il semble que le seul souverain peut créer et
établir, il paroitroit juste de connoitre les titres sur lesquels il est
perçu, et s'il est légitime, il sera juste de le laisser subsister,
mais s'il n'avoit d'autre fondement que la force ou la tirannie, il
seroit bien intéréssant de le suprimer comme génant le commerce
et formant une surcharge. Il y a quelques années que le gouvernement paroissoit vouloir s'en occuper (2).

Nous finirons ce mémoire par donner quelque connoissance
des singularités qui se trouvent dans ce département.

----

(1) *En marge :* cette observation est encore utile.

(2) *En marge :* Autre observation utile ; il faudroit prendre des informations
et les communiquer à M. Favier chargé de cette partie.

En suivant la chaine de montagne au couchant, dont il a été parlé cy dessus, on trouve dans un vallon et un pays fort sauvage la paroisse connue sous le nom de St Laurent des Bains, ou il y à des eaux termales, qui ont opéré les cures les plus surprénantes par la guérison des rhumatismes, sciatiques les plus invétérés, les blessures, les abcés, meme quelque fois des paralisies et des personnes prochainement menacées de consomption ; mais c'est la simple nature sans aucun secours, car les personnes les plus riches qui s'y font transporter malgré les précautions qu'elles prennent y manquent des choses de première nécéssité qu'il est impossible de se procurer, comme des logements passables, des lits et des ustencilles : pour les gens du commun et encore moins les pauvres, ils n'ont aucune sorte de ressource que celle de profiter du bénéfice de ces eaux, manquant d'ailleur de tout, ne sachant ou se cazer en arrivant, y trouvant néanmoins quelque fois leur entiére guérison, les chemins d'ailleurs pour y aboutir étant trés mauvais et trés dangereux, quelque party qu'on prenne pour s'y transporter. Qu'el secour ne tireroit on pas d'un pareil présent de la nature si on pouvoit y aboutir avec sureté, si y etant arrivé, les gens aisés y trouvoient des logemens et des lits au moins passables et les pauvres et les soldats un azile, a la faveur duquel ils pussent en récouvrant la santé par leur travail se tirer de la misére ; a combien d'infortunés ne rendroit on pas la vie, a des orphelins leur peres, et des sujets a l'Etat.

2° Une fontaine qu'on peut qualifier d'intermitante, temporaire ou intercalaire, qui a sa source dans la paroisse de Freissenet dans la partie du plateau du Coyron, fort elevée, à trois lieues ou environ de la ville d'Aubenas, qui coulant quelques fois pendant les années entiéres, fournit une quantité d'eau pour faire tourner a quelque pas un moulin et pendant un certain intervalle et quelques fois les années entiéres reste totalement a sec, ce qui donne lieu a des superstitions dans le canton, attribuant la cessation a des calamités soit maladies, guerre ou disette, et le retour de la même eau a la naissance de quelque grand où a quelque bonheur d'un autre genre.

3° Il y a plusieurs volcans éteints et entr'autres un sur la montagne apellée Gravéne entre les paroisses de Montpezat et de

Thueyst, a la distance d'environ quatre lieūes de la ville d'Aubenas, au sommet de laqu'elle est l'ouverture qu'on a apellé cratere.
Et il semble qu'aux environs on marche sur le charbon. Une
autre sur la montagne de Coupe, dans la paroisse d'Aizac, a la
distance d'environ trois lieus de ladite ville d'Aubenas ; un
troisième en celle de Genestelle, ou de St Andéol de Bourlene, à
la distance d'environ une lieūe et demy de ladite ville d'Aubenas,
sur le pont de Bridou et le chemin qui conduit à Antraigues, aux
environs desquels volcans on aperçoit une grande quantité de
bazalt qui confirme a n'en pas douter l'existance desdits volcants ;
un autre au pont de la Beaume sur la grande route dudit Aubenas
à Thueyst, a la distance d'environ deux lieues ; et un cinquième
dans le territoire de ladite ville de Rochemaure.

6° Un creu de circonference d'environ dix pieds et à la meme
profondeur dans la paroisse de Meyras, a la distance d'environ
deux lieūes de la ville d'Aubenas, dans lequel toute espéce
d'animal périt dans deux ou trois minutes et toute lumiére est
éteinte, a quelque distance duquel il y à des eaux minérales,
auxquelles on ne connoit d'autre qualité que celle d'etre excessi-
vement purgative, et dont les paysans font usage. On à donné
audit creu le nom de Moufête qui paroit très fort lui convenir.
Fait à Aubenas le 10 décembre 1786.

JEAN RÉGNÉ.

SITUATION
ECONOMIQUE & HOSPITALIÈRE
DU HAUT-VIVARAIS
A LA VEILLE DE LA RÉVOLUTION
(1788)

Nous avons publié, dans les n°⁵ précédents de la *Revue du Vivarais*, le mémoire adressé à l'intendant de Languedoc par le subdélégué d'Aubenas (1), le 10 décembre 1786. Il ne nous a pas été possible de mettre la main sur le mémoire qui fut envoyé au même et à la même date par le subdélégué de Tournon (2). Les rapports de ce genre, qui étaient rédigés par les subdélégués de la province de Languedoc, étaient résumés par l'Intendant, qui en transmettait la substance au ministre. Or, nous possédons précisément le résumé qui fut dressé en suite des enquêtes de 1786 par l'intendant de Ballainvilliers et qui est conservé à la Bibliothèque de Montpellier ; le manuscrit qui le renferme est intitulé : *Mémoires sur le Languedoc*, par M. de Ballainvilliers, intendant de la Province. 1788. Le tome II de ces *Mémoires* est spécialement consacré aux hôpitaux ou maisons de charité.

Nous avons retrouvé dans les *Mémoires* (3) les remarques essentielles du subdélégué d'Aubenas ; mais bien des détails précieux pour l'histoire locale ont été négligés par l'Intendant. Cette parti-

(1) Le subdélégué du Bas-Vivarais a résidé tour à tour à Villeneuve-de-Berg, Joyeuse, Aubenas. En 1736-1738, nous trouvons Dupuy, subdélégué à Villeneuve-de-Berg (Archives de l'Hérault, C. 2611) ; en 1751, nous y rencontrons Tavernol (Ibid., C. 2611). En 1768 et 1773, Laforest est subdélégué à Joyeuse (C. 2711, 2733). De 1785 à 1789, Blachière est subdélégué à Aubenas (C. 2595, 2617, 2601, 2923). C'est lui qui est l'auteur du mémoire sur le Bas-Vivarais de décembre 1786.

(2) Le subdélégué du Haut-Vivarais paraît avoir toujours eu sa résidence à Tournon. Robert Dumolard est subdélégué en 1728, 1736-8, 1719, 1745 (C. 2611, 2670, 2664, 2607). Farconnet remplit les mêmes fonctions en mars 1781, en 1786, 1787, 1788 (C. 2537, 2618, 2711). C'est Farconnet qui dut renseigner Ballainvilliers sur l'état du Haut-Vivarais.

(3) T. I, f°⁵ 298-312 et t. II., pp. 739-55.

cularité nous fait regretter beaucoup la disparition du rapport
fourni par le subdélégué de Tournon. Ce que les *Mémoires* de
Ballainvilliers exposent de la situation économique et hospitalière
du Haut-Vivarais (1) est sans doute fort instructif, mais on y sent
les coups de ciseaux de l'Intendance.

Néanmoins, faute du rapport complet, nous publions le résumé,
afin que nos lecteurs puissent faire la comparaison entre l'état
du Bas-Vivarais et celui du Haut à la fin de l'ancien régime.

JEAN RÉGNÉ.

———————

I

SITUATION ÉCONOMIQUE

La subdelegation de Tournon, composée de la portion du
diocese de Viviers apellée le Haut Vivarais, est divisée de celle
du Bas Vivarais par la riviere d'Herieu et terminée par le Rhone
qui la separe du Dauphiné sur une etendue de 12 lieues.

La nature du sol n'est partout qu'une seule et meme montagne
sillonée par une infinité de ruisseaux, qui partant du Mezin, l'une
des plus hautes montagnes de l'interieur du royaume, perviennent
au Rhone, dans lequel ils se jettent par des pentes tres rapides.
La position du pays est la principale cause des ravages qu'eprouve
cette contrée ; et en general, lorsqu'il survient quelque grande
pluye, ils sont presque toujours une devastation. La surface des
rochers n'est recouverte dans les meilleurs endroits que d'une
croute de terre de deux pieds d'epaisseur, trop legere pour resister
a la moindre inondation. Les torrents ont creusé les gorges les
plus profondes ; on en compte trois principales : celle formée par
la riviere d'Herieux, du Doux et du Canse ; aucune de ces rivieres
ne peut porter bateau, a cause des pentes et des rochers dont
leurs lits sont remplis ; la meme raison s'oppose a la construction
de tous les canaux que l'on pourrait projetter.

Les chemins qui traversent le Vivarais sont a l'entretien
particulier du diocese et tres multipliés. Les plus fréquentés sont

———————

(1) T. I, f. 285-97 et t. II., pp. 756-66.

ceux qui longent le Rhône et ceux qui communiquent de Tournon
au Puy sur quatre directions : la première par Annonay, la
seconde par Satilieu, la troisieme par la Mastre et la quatrieme
par Vernoux. Les chemins n'ont que 15 pieds de largeur.

Le Haut Vivarais est composé de 122 paroisses qui compren-
nent 90.000 personnes.

L'on compte parmi les villes de cette subdelegation : Tournon ;
cette ville située sur le bord du Rhône, contient 4.000 ames ;
Annonay, située au confluent de deux rivieres, sur le penchant
de plusieurs montagnes, fort escarpées, a trois lieues du Rhone
et 5 de Tournon, en renferme 7.000.

Les bourgs les plus considerables sont :

Vernoux.	3.000 ames.	
St-Agreve.	2.600 id.	Ces villes ou bourgs ne
St-Peray	2.000 id.	jouissent d'aucun privilege
Chalencon.	1.800 id.	ni immunité particuliere.
Fai le Froid	1.800 id.	
La Mastre.	1.500 id.	

La ville de Tournon est le chef lieu et le point de reunion du
commerce des étoffes de laine, vulgairement nommées ratines ou
tricots, qui se fabriquent dans le pays. Elle est en meme tems
le principal entrepot des bois de construction qu'on tire des
montagnes.

La plus importante production du sol consiste en vins. Ils y
sont en general abondants et d'une bonne qualité.

On ne recueille qu'environ 6.000 setiers de bled ; on en
consomme annuellement 16.000. Le déficit des 10 000 sont tirés
de la montagne en echange du vin ou aportés par le Rhone.

Le prix commun du bled a Tournon peut etre fixé a 13 l. le
setier de froment, pesant 120 l. poids de marc, 9 l. le seigle,
pesant 110 l.

Le térritoire de la ville de Tournon ne produit pas plus de
1.500 quintaux de foin. On y suplée par les luzernes, sainfoins et
autres prairies artificielles. On serre aussi le feuillage des arbres
et des vignes.

Les gens aisés se procurent aisement du foin par la voie du Rhone.

Le prix des fourrages est de 4 l. 16 s. le quintal, poids du marc.

La paille 2 l. 8 s. le quintal. L'avoine 10 l. 10 s. les douze boisseaux de Paris.

ANNONAY

La ville d'Annonay reunit au plus haut degré toutes les ressources que l'industrie, le commerce et l'activité la plus eclairée et la mieux soutenue peuvent procurer. Sa position en terrasse sur les bords de deux rivieres qui ne coulent que par cascades, lui a donné les moyens de multiplier son industrie dans tous les genres.

La draperie y forme une branche considerable. Ceux qui font ce commerce tirent les etoffes en blanc ecru des fabriques du Vivarais, du Languedoc, du Gevaudan et du Dauphiné. C'est dans cette ville qu'on leur fait donner tous les aprets dont elles sont susceptibles a la sortie des foulons, tels que garnissage, teinture, tondages, aprets et frises. Les marchandises s'exportent dans les differentes provinces du royaume, mais principalement en Suisse et en Piemont, ou ces maisons d'Annonay font ce commerce.

Epiceries

Independammant des marchands en detail, 17 maisons s'occupent de ce commerce et dans le nombre plusieurs le font en gros et tirent les articles de la premiere main.

Toilerie et mercerie

Ce commerce est fait en gros par trois maisons qui tirent leurs marchandises directement des comptoirs français et etrangers, etablis dans les Indes.

Papeteries

Il y a quatre fabriques, dont la reputation est connue.

Megisserie.

Seize fabricans. Les peaux de chevreaux qu'ils apretent sont les plus estimées du royaume; c'est à ces peaux que Grenoble doit la réputation de ses gands.

L'art. 3 de l'arrêt du conseil du 13 avril 1786 ordonne que les gands de Grenoble continueront de jouir de la restitution des deux tiers du droit de marque. Cette préférence à l'égard des gands de Grenoble assure aux fabricans de cette ville une supériorité sur les autres fabriques, qui, ne permettant plus à celles-ci de soutenir la concurrence, tournera toute à l'avantage des premiers. Les états de la province ont réclamé contre cette disposition par le préjudice réel qu'en souffre le commerce de la province et en particulier la ville d'Annonay, qui mettrait elle-même en œuvre les peaux qu'elle est obligée d'envoyer à Grenoble. Il y a 13 tanneurs pour les cuirs forts et autres.

Bonneterie

Dix huit fabricans. L'exportation s'en fait dans les provinces voisines, en Suisse, à Genève, dans la Savoie et le Piémont. Cette branche occupe beaucoup de monde, hommes, femmes et enfans de la ville et de la campagne.

Frises

Dix occupées pour la draperie, neuf tondeurs, trois moulins à soie, huit foulons, trois blanchisseries, une fabrique de ruban, de filozelle et de soie, deux ciergeries et chaudesseries.

Productions du sol

Le territoire d'Annonay ne produit par année commune plus de 2.000 setiers de bled, presque tout seigle. La consommation annuelle se porte à environ 27.000 setiers; les 25.000 de dificit sont tirés de la montagne, de Lyon ou du Dauphiné. Le prix du bled est de 11 livres le setier, froment première qualité; 12 l. 10 s. le setier, seigle première qualité. On ne recueille dans le territoire qu'un cinquième des foins nécessaires à la consommation. Le suplément en est fourni par les montagnes voisines.

Prix des fourrages: 4 l. 10 s. le quintal foin, poids de marc; 2 l. 10 s. la paille; 10 l. 10 s. les 12 boisseaux d'avoine, mesure de Paris.

Le Haut Vivarais doit être considéré sous trois points de vue:

les bords du Rhone, les premiers coteaux, les grandes montagnes.

Les vignes, les vers-à-soie, quelques fruits et quelques bleds sont l'unique ressource des peuples qui habitent les deux premieres divisions, et il est reconnu qu'année commune ces deux parties n'ont pas en bled de quoi nourrir leurs habitans pendant huit mois. Les troupeaux n'i subsistent que par le secours des prairies artificielles et par l'economie et l'industrie soutenue des proprietaires qui tirent parti de toutes les productions de la terre.

Les hautes montagnes au contraire ont beaucoup de grains. Leurs principales richesses consistent dans les bestiaux que l'on vend aux bouchers et dans les foires.

L'entrepot principal de ce commerce est le bourg de St-Agreve et celui de Fai le Froid. L'espece de moutons des montagnes du Vivarais est reconnu pour etre superieure a celle des plaines. Cette difference tient a la nature des aliments que ces animaux trouvent dans les rochers incultes qui leur servent de paturage.

La fabrique naturelle au pays, celle des ratines, occupe au moins 20.000 ames dans tous les temps de l'année que les travaux de la terre laissent libres. Ce commerce, particulierement exercé par plus de trente villages, a le triple avantage d'entretenir les laines du pays a un prix raisonnable, de repandre beaucoup d'argent dans une classe pauvre et sans autre ressource, et en occupant tous les ages et tous les sexes, de prevenir les desordres de l'oisiveté et de l'ivrognerie. Rien n'est plus interessant que ce qui pourrait tendre a l'encouragement et a l'augmentation de cette branche d'industrie.

Cette fabrique fait annuellement pres de 5.000 pieces; chaque piece, en sortant des mains du fabricant, est portée dans le foulon le plus prochain et de la a Tournon, dans les deux maisons qui ont la direction de ce commerce et qui seules l'entretiennent et l'alimentent par les avances qu'elles font aux fabricans et par la vigilence qu'ils aportent a prevenir les abus de la fraude. On expedie ensuite ces etoffes brutes sur commission, ou on les vend sur les lieux. Leur destination la plus ordinaire est pour la Savoie; ce qui reste sur les lieux sert a l'habillement du peuple sous le nom de tricot. Les laines du pays ne suffisent pas a la

fabrique; on en fait venir du Languedoc, du Dauphiné, de la
Provence et même du Levant, par Marseille. La fabrique de ces
étoffes exige deux sortes de laines, l'une appellée *corps de laine,*
ou laine longue pour chaine, et l'autre appellée vulgairement
laine pelade, ou laine courte pour la trame.

Chaque piece contient 50 a 52 aunes. On distingue differentes
qualités : la premiere doit avoir 33 portées et en largeur deux
tiers d'aune; la 2ᵉ cinq huitiemes et 32 portées; la 3ᵉ un tiers et
trois pouces et 30 portées et la 4ᵉ la meme longueur que la
troisieme et 28 portées seulement.

Le prix de ces etoffes sortant de la premiere main n'excede pas
2 l. 12 s. a 3 l. l'aune, de maniere que chaque piece, l'une dans
l'autre, parce qu'on en fabrique peu de la premiere qualité,
revient a 130 l.; ainsi les 5.000 pieces produisent la somme de
650.000 livres, dont 100.000 l. restent chés les fabricans, le
surplus servant au payement de laines tirées des autres provinces
ou de l'etranger, et forment le profit.

Cette branche de commerce se soutient avec succès. Elle a pris
la place de la fabrique de draps, qu'on apellait anciennement
draps de Tournon, totalement tombée par l'infidelité des
fabricans.

Il n'i a de manufacture royale dans le Haut-Vivarais que celle
de papier, appartenant aux sieurs de Montgolfier; mais celle du
sieur Jouanot balance au moins la reputation des fabriques du
sieur de Montgolfier, quoiqu'elle ne soit point decorée de ce titre.

Quelques personnes pensent que pour veiller sur les ouvriers
et maintenir le bon ordre, il serait interessant d'etablir un
inspecteur eclairé dans la partie des ratines qui surveillerait par
des courses frequentes les fabricans et les fouloniers; d'autres
pensent au contraire que la prosperité du commerce dans ce
pays est dûe a la liberté qui y regne. Nous serions assés de cet
avis, parce qu'en general les inspecteurs, pour ne pas rendre
leurs fonctions inutiles, inquietent les negocians et les fabricans
par des détails minutieux.

La fabrique de ratines employe environ 20.000 personnes, le
commerce particulier d'Annonay : 2.000.

Défrichemens.

Il y a longtems que tout a été défriché dans le Haut-Vivarais et il n'i reste plus que quelques communaux qui servent a la depaissance des bestiaux.

Bois.

L'espece de bois est totalement detruite dans les trois quarts de la subdelegation de Tournon. Il n'i a plus que les hautes montagnes qui en conservent encore quelques parties. On attribue ce deperissement a l'usage des chevres et a la sterilité du sol, qui, degoutant le proprietaire, l'a engagé depuis longtems a arracher le bois pour y semer du bled, les premieres recoltes etant toujours tres abondantes.

Le prix general de la main d'œuvre est de 18 a 19 s. en hiver et de 24 a 25 s. en été.

Nous avons deja dit que la population du Haut-Vivarais monte a quatre vingt dix mille personnes.

Il y en a d'employées a l'agriculture, cy.	20.000
Aux chemins.	600
A la fabrique des ratines.	20.000
Au commerce particulier d'Annonay.	2.000
	42.600
Femmes, enfans, vieillards, nobles, bourgeois, artisans	47.400
Total pareil :	90.000

On estime qu'il faut a peu prés par tete quatre setiers de bled, ce qui fait pour 90.000 personnes, 360.000 setiers ; en faisant refluer sur les rives du Rhone et sur les premiers coteaux ce qu'il y a de trop dans la montagne, il est permis de croire qu'il ne manque a la consommation generale qu'environ 20.000 setiers ; et encore le remplacement s'en fait a peu de chose prés par les pommes de terre, qui se cultivent partout et dont la recolte est une ressource precieuse et abondante pour le peuple.

On estime que la consommation generale du bois en coupe reglée peut monter a dix mille toises, y compris l'usage des fabriques. Le peuple met toute l'economie possible dans cette depense : les fagots qui se font dans les buissons et dans les vignes, les bois morts, les genets sont sa principale ressource.

Les papetiers, les teinturiers ne consomment que du charbon de pierre.

On tire le charbon de terre des environs de St-Étienne en Forés, d'ou il est transporté par le Rhone. Il revient à Annonay 20 s. le quintal, poids de marc, a Tournon 30 s. et toujours plus cher en proportion de l'eloignement de St-Étienne.

On espere que la mine qui s'exploite aux environs d'Aubenas aura quelques succés.

Observations Generales

Il resulte des details que nous avons donnés, tant sur le Bas que sur le Haut-Vivarais :

1º Que le pays etant plus exposé qu'aucun autre aux ravages occasionnés par les intemperies en tout genre, est plus susceptible des graces et des secours destinés a cet objet ;

2º Que la conservation des bestiaux etant l'objet qui parait devoir le plus interesser le bien public, il est de la plus grande importance de s'occuper de tout ce qui peut y contribuer ;

3º Que la population n'i est pas susceptible d'accroissement, celle qui existe sufisant et au dellà a la consommation des productions du sol, dont plus d'un quart n'est que rochers arides, incapables d'aucune production ;

4º Que le commerce le plus interessant a proteger est celui de l'interieur du pays, qui consiste dans la fabrication des etoffes en laine ;

5º Enfin, qu'il est important de s'occuper de tous les moyens qui pourraient operer la restauration des biens, soit en faisant de sages reglemens sur les chevres, soit en tournant ses vues sur les recherches et l'exploitation des mines de charbon de terre.

(Bibliothèque de la ville de Montpellier, Mémoire de Ballainvilliers, t. 1er, fº 285-297).

II

SITUATION HOSPITALIÈRE

Hôpital de Tournon

L'hôpital a été fondé dans le 15ᵉ siècle par les anciens seigneurs du comté de Tournon ; il est compris dans le nombre des hôpitaux de la sixième classe, attachés au service militaire. Son administration est dirigée par le juge de la ville, le doyen du chapitre, le premier consul, le procureur fiscal et huit notables. Le service intérieur est fait par quatre sœurs, qui ont trois domestiques à gages sous leur direction, et lorsque les circonstances, ou la nature des malades exigent des soins plus pénibles, on ajoute à ce nombre d'autres domestiques qu'on loue à la journée ou à moins. C'est une des sœurs qui préside à la cuisine. Le pain commun est fait dans la maison et celui des malades est pris chés les boulangers. Le service de santé est exécuté par un médecin et chirurgien breveté par le Roy, en vertu de l'Établissement militaire ; celui de la pharmacie l'est par une des sœurs, sous l'inspection du médecin.

Les enfans trouvés sont reçus dans l'hôpital et nourris à la campagne aux frais du seigneur jusqu'à l'âge de quatre ans. Ils y sont ensuite repris et élevés jusqu'à sept ans.

L'hôpital comprend quatre salles : une destinée uniquement pour les militaires et qui consistent vingt lits .   20
une seconde pour les malades de la ville ou de la campagne contenant vingt lits   20
et deux pour le service des femmes contenant seize lits .   16
                                   56 lits.

Ses revenus consistent en rentes constituées en denrées, en biens fonds et en contrats.

SAVOIR :

Rentes constituées en denrées : 36 barreaux de vin évalués . . . . 108 l.
Dix setiers seigle à 10 l. . . . . 100 l.
Biens fonds : dix seterées de terre et 18 journaux de vigne produisant année commune . . . . 300 l.
Contrats :
Sur le roy . . . . 55 l.

Sur la province . . . . 750 l.
Sur divers particuliers en rente ou argent. . . . . . 4150 l.
Produit de la pharmacie, la consommation de la mai-
son payée . . . . 100 l.
Dons annuels, environ . . . . 600 l.
                                                    ────────
                                                    6163 l.

Nota. — Le produit de 11 sols par journée des militaires
variant relativement à la garnison, on ne peut en donner l'aperçu ;
on se bornera à observer que, depuis que les journées sont portées à ce prix, la dépense faite pour les soldats balance à peu
près la recette.

Revenus. . . . . 6163 l.
Dépense.
Charges.

Tailles.	159,18 s.	
Rentes au chapitre	101.15	
Aux capucins pour messes. .	200	
Au médecin.	72	
Au chirurgien	18	
Rente ou pensions à divers particuliers.	120	
Vestiaire des quatre sœurs. .	140	
Gages des domestiques . . .	200	
En blé : 150 setiers blé fro-ment à 12 l.	1800	6891 l. 13 s
En viande : 40 quintaux de viande à 30 l.	1200	
Viande salée, œufs, huile, etc.	1200	
Linge et réparations.	100	
Bois et charbons	450	
Vin	100	
Entretien des lits	300	
Réparation des bâtiments . .	400	
	6891,13	

Partant, la dépense excède la recette de
sept cent vingt huit livres treize sols . . . .   728 l. 13 s.

Il est évident que sans les soins les plus attentifs des administrateurs pour tout ce qui peut tendre au bon ordre de l'économie, cette maison ne pourroit se livrer a tout le bien qu'elle procure tant aux pauvres de la ville qu'à ceux de dix à douze paroisses voisines. Aussi cet établissement a-t-il toujours été regardé dans le Haut-Vivarais comme infiniment utile, et en y réunissant quelques secours étrangers, il pourroit devenir en même tems un attelier pour tous les pauvres qu'on y occuperoit d'une manière fort utile a des ouvrages en laine ou en coton ; et un hospice pour les enfants de la dernière classe du peuple, qu'on y éleveroit dans les principes de la religion et dans l'exercice des travaux qui pourroient leur convenir davantage. C'est vers ce triple objet que les administrateurs se portent depuis longtems.

Hôpital d'Annonai

Cet hôpital est d'ancienne fondation royale, confirmé par lettres patentes du mois de novembre 1737. Il est administré par un bureau laïc, dont M. l'Archevêque de Vienne est le président. En son absence, c'est le juge-mage de la sénéchaussée ou son lieutenant, et en l'absence de ces derniers, c'est le premier consul. Les administrateurs sont au nombre de seize, élus dans les différentes classes d'habitans. Le procureur du roi en la sénéchaussée est administrateur né ; en son absence, l'avocat du roi. Le procureur juridictionnel de la justice royale l'est aussi. Cette maison contient, en plusieurs salles, soixante lits, dont la moitié est destinée pour les femmes. Ces soixante lits sont presque toujours occupés et quelque fois on est même forcés de doubler les malades.

Le service intérieur est fait par six sœurs, dont une a la direction de la fabrique des bonnets, une autre celle de la pharmacie, sous l'inspection des médecins, et une troisième est particulièrement chargée du travail de la cuisine. Elles sont servies par 5 domestiques. Le pain commun est fait dans la maison, celui des malades est pris chés les boulangers. Le service de santé est confié a un médecin et a un chirurgien, qui, attendu la pauvreté de la maison, exercent leur profession gratis.

Les enfans trouvés sont reçus dans cette maison aux frais du seigneur. Ils sont sur le champ envoyés à la campagne jusqu'à l'âge de 7 ans. On [les] occupe ensuite à faire des bonnets.

Ses revenus consistent: en rentes constituées ou pensions sur divers particuliers, en biens fonds, en rentes censives et lods, au produit de la fabrique des bonnets et à celui de la vente des drogues de la pharmacie, dont le total se porte à 9710 l.

Scavoir :

61 setiers seigle evalués année commmune	610 l.
Rentes sur divers particuliers	1158 l.
Sur la generalité de Montpellier	142 l.
Deux jardins estimés par le produit	600 l.
Rentes, censives et lods evalués année commune	900 l.
Produit de la pharmacie, les remedes des pauvres prelevés	1000 l.
Produit de la fabrique des bonnets	1500 l.
Dons, année commune	800 l.
Quêtes et tronc année commune	200 l.
	9170 l.
Revenus	9710 l.

Et sa dépense à 10.645 l. 8 s. 6 d. Scavoir :

Taille	8 l. 13 s. 6 d.	
Vestiaires des sœurs	240	
Gages des domestiques	180	
Appointemens de l'aumonier	30	
Fondation de 370 messes	185	
220 setiers blé et seigle	2700	
Viande fraiche ou salée	2100	
Sel, 10 minots	330,15	10645 l. 8 s. 6 d.
Huile, beurre, fromages, etc	1466	
Bois a bruler ou charbon	1400	
Savon ou blanchissage	255	
Linge année commune	450	
Reparations des lits et meubles	400	
Vin	500	

Excedent :   935 l. 8 s. 6 d.

Partant, la depense excede la recette de neuf cent trente cinq livres, huit sols, six deniers.

Le deficit seroit encore plus fort, si les administrateurs ne donnoient pas la plus grande attention a ne recevoir que les malades de la ville, dont l'indigence et l'infirmité sont bien constatées. La population les rend très considerables par la quantité d'ouvriers de tous les genres, que les fabriques et l'activité du commerce y attirent. C'est aussi a l'attention soutenue de ces administrateurs pour tout ce qui tend a l'economie, ainsi qu'aux charités des ames pieuses, que cet etablissement doit sa conservation. Il s'est vû plusieurs fois forcé de consommer des capitaux pour le soulagement des malheureux que des circonstances extraordinaires avoient accumulés dans son sein.

Les lettres patentes du mois de novembre 1757, qui ont confirmé la fondation de cet hopital, semblent avoir eû en vûe non seulement les pauvres de la ville, mais encore ceux des montagnes du Vivarais. L'insuffisance des moyens force les administrateurs a renoncer a cet objet ; mais cet obstacle pourroit cesser, si d'après la demande qui en a été faite, on reunissoit a cet hopital une portion des revenus du monastere des celestins de Colombier-le-Cardinal, suprimé depuis plus de 4 ans. M. l'Archeveque de Vienne, a qui la destination de ces biens appartient, a donné son avis " gouvernement pour en faire l'application. On sait que son intention est qu'il en soit accordé une partie a l'hopital d'Annonai, dont il connoit l'utilité et les besoins. Il seroit d'autant plus juste que cela fut, que les (lacune) de cette ville et des environs ont des droits sur les dixmes et les immeubles de ce monastere.

(Bibliotbèque de Montpellier, Mémoires de Ballainvilliers, ms., t. II, pp. 756-765.)

OBSERVATOIRE
C. GALBERT : 1934

IMPRIMERIE HABAUZIT, AUBENAS

www.ingramcontent.com/pod-product-compliance
Lightning Source LLC
Chambersburg PA
CBHW070747220326
41520CB00052B/2249